Jeanne Ruland

Abschied von dir

Segenszeremonien für die letzte Reise

Liebe Leserin, lieber Leser, dieses Buch ist in der Du-Form geschrieben, weil es viele Übungen, Rituale und Meditationen enthält, die direkt die Seele ansprechen. Die Du-Form unterstützt auch das Bewusstsein, dass Autorin und Leser sich auf Augenhöhe begegnen können und es in der Tiefe ihres Wesens keine Trennung gibt.

Die in diesem Buch veröffentlichten Inhalte, Übungen und Rituale wurden von der Autorin mit größter Sorgfalt und nach bestem Wissen und Gewissen erarbeitet. Alle Vorschläge in diesem Büchlein sind frei und unverbindlich. Sie erheben nicht den Anspruch auf Vollständigkeit, sondern geben einen Einblick in die individuellen Möglichkeiten der Abschiednahme. Eine Garantie oder Haftung dafür kann weder von der Autorin noch vom Verlag übernommen werden.

ISBN Printausgabe 978-3-8434-1157-8
ISBN E-Book 978-3-8434-6219-8

Jeanne Ruland: Abschied von dir Segenszeremonien für die letzte Reise © 2015 Schirner Verlag, Darmstadt	Umschlag: Murat Karaçay, Schirner, unter Verwendung von # 129488831 (Igor Zh.), www.shutterstock.com Lektorat: Dirk Grosser, www.dirk-grosser.de Satz: Kerstin Noack, Schirner Redaktion: Kerstin Noack & Janina Vogel, Schirner Printed by: Ren Medien GmbH, Germany

www.schirner.com

3. Auflage Januar 2018

Alle Rechte der Verbreitung, auch durch Funk, Fernsehen und sonstige Kommunikationsmittel, fotomechanische oder vertonte Wiedergabe sowie des auszugsweisen Nachdrucks vorbehalten

Dein Platz ist leer.
Plötzlich bin ich hellwach.
Was ist geschehen?
Eben warst du noch da …
Ich dachte, es wäre für die Ewigkeit.
Mein Herz klopft, die Nerven rasen,
der Verlust wiegt schwer.
Ich kann nicht schlafen.
Immer wieder kommst du mir in den Sinn.
Gemeinsame Erlebnisse ziehen vorüber
wie ein Traum.

Was ist geschehen?
Warum bist du nicht mehr hier?
Träume ich nur schwer?
Du hast den Raum gewechselt,
bist auf einer anderen Seite.
Irgendwann werde ich dir folgen,
und dann werden wir uns wiedersehen.

Wie kostbar ist doch der Augenblick der Liebe.
Wie kostbar ist doch die Anwesenheit
eines geliebten Menschen.

Wie oft erkennen wir diese Kostbarkeit,
das Juwel der Liebe, nicht im Leben,
sondern erst, wenn es aus der Ferne
in der Erinnerung leuchtet.

Carpe Diem – nutze den Tag,
und genieße die Kostbarkeit der Liebe
in jedem Augenblick,
in dem es dir möglich ist.
Alles geht vorüber – nur die Liebe nicht.

WIDMUNG

Dieses Büchlein widme ich all jenen, die vor mir kamen und vor mir gegangen sind – meinen Urgroßeltern, meinem Bruder, meinen Großeltern und all jenen, die diese Ebene bereits verlassen haben.

Ich widme dieses Büchlein all jenen, die in ihrem Leben gerade einen Abschied und Verlust erfahren, die sich von ihrem bisherigen Lebenspartner trennen, deren Kinder nun auf ihren eigenen Füßen stehen, deren Freundschaften sich plötzlich und überraschend lösen.

Ich widme dieses Büchlein all jenen, die hiergeblieben sind, die sich nun neu zurechtfinden und Abschied und Verlust bewältigen müssen, um an neuen Ufern anzukommen. Das Leben ist für sie nicht mehr so, wie es war. Es ist anders. Es muss Zeit vergehen. Erst viel später wird ihnen bewusst, dass sich das Leben grundlegend und umfassend verändern wird, wenn man tapfer auf diesem Pfad weiterwandert, in dem Vertrauen, dass alles einen Sinn hat – auch wenn man ihn noch nicht versteht und erst einmal mit einem Bruch des Vertrauens ins Leben zu ringen hat.

Abschied, Trennung und Tod verändern uns und unsere Sicht auf das Leben grundlegend. Vieles, was uns vorher wichtig erschien, wird in Anbetracht der Größe, Tiefe und Leere eines Abschieds unwichtig und klein.

Es wird uns tiefer und anders treffen, als wir es uns je vorgestellt haben, und wir können uns nur selten darauf vorbereiten. Doch wir müssen dieses Tal durchschreiten, diese Erfahrung durchleben – und sie wird uns nie mehr ganz verlassen. Das Leben selbst ist eine Reise des Abschieds. Immer wieder nehmen wir neue Stufen, wir wachsen aus alten Kreisen heraus und in neue Kreise hinein. (Kindheit, Jugend, erster Freund, Schulabschluss usw.)

Das Leben ist ein Mysterium – und der Abschied gehört zur Einweihung in dieses Mysterium. Die Liebe ist ewig und frei, und wenn wir sie fließen lassen und uns nicht vor ihr verschließen – so schwer dies auch manchmal sein mag –, wird sie uns schließlich in ganz andere Ebenen und Dimensionen des Seins tragen. In diesem Sinne widme ich dieses Büchlein einer größeren und umfassenderen Liebe, als wir sie uns heute vorstellen können.

Ein verwundetes Herz ist ein offenes Herz, in das Neues einziehen kann.

Inhalt

Vorwort.. 10
    Abschied von dir 18
Einleitung 20
Engel & Meister/-innen des Lichtes 26
Das Aka-Feld 32
Der Innere Raum – das Herzgespräch........................ 38
Diese Realität – die Welt der Entscheidungen
und Handlungen 40
Trennung 42
Abschied aus Beziehungen 52
    Abschiedsbrief.. 52
Tod.. 71
    Abschied von dir – im Angesicht des Todes............. 75
    Was ist im Angesicht des Todes wirklich wichtig? 75
    Tod und Leben aus hawaiianischer Sicht 78
    Noch ein paar Worte zum Tod............................. 82
    Das letzte Fest auf Erden 86
    Seelenheimführung von Eva und Günther Linder 98
    Seelenheimführung an Orten und Plätzen............... 103
Anhang.. 108
Nachklang 110
Über die Autorin 111
Bildnachweis.. 112

VORWORT

Wir alle sind geistige Wesen, die für eine gewisse Zeit eine menschliche Erfahrung machen. Wir kommen aus dem geistigen Raum und kehren dorthin zurück. Es ist wichtig, im Leben zu dem zu erwachen, was und wer wir sind: Geistige Wesen im ewigen Licht, die für eine gewisse Zeit auf ihrem einzigartigen Erdenweg wandern.

Dieses Büchlein gehört in die Reihe »Willkommen auf der Erde«, »Das ›Ja‹ zueinander« und »Aumakua«*, in der ich Segenszeremonien für besondere Abschnitte eines jeden Lebensweges vorstelle. In diesem Büchlein möchte ich die drei Themen Trennung, Abschied und Tod behandeln und einige Abschiedsrituale vorstellen, die uns helfen können, die Trennungssituationen unter anderen Perspektiven zu betrachten und ein Stück weit loszulassen.

Dieses Büchlein soll Impulse setzen. Es zeigt kleine Rituale auf, mit denen ich gute Erfahrungen gemacht habe und die mir geholfen haben, Verlust, Tod und Abschied besser zu verarbeiten. Um in Phasen der Trauer und des Schmerzes langfristig literarisch Unterstützung zu finden, empfehle ich folgende Autoren: Sandy Taikyu Kuhn Shimu, Pascal Voggen-

---

* Jeanne Ruland: »Willkommen auf der Erde« (2011), »Das ›Ja‹ zueinander« (2013), »Aumakua« (zusammen mit Shantidevi, 2013), erschienen im Schirner Verlag.

huber, Gordon Smith, Manfred Mohr und James Van Praagh, die ich persönlich kennengelernt habe und deren Berufung es ist, uns einen Blick jenseits der Schleier dieser Welt zu gewähren und uns dauerhaft zu begleiten. In ihren Büchern geben sie gute Impulse und tief greifende Erfahrungen wieder, die uns helfen, unsere Erfahrung mit dem Tod zu verarbeiten und unseren Blick auf dieses Thema zu verändern.

Auch ist es empfehlenswert, sich besonders in der ersten Zeit nach einem schwerwiegenden Verlust von jemandem begleiten zu lassen, bis die Wunde einigermaßen verheilt ist.

Abschied, Trennung und Tod gehören zu den größten Mysterien der Erde und des irdischen Weges. Der Tod ist ein großer Lehrer im Leben, den wir fürchten und dem wir kaum ins Auge blicken möchten, der uns aber auch die tiefsten Einblicke in das Mysterium des Seins und das ewige Leben schenken kann, wenn wir ihm im Leben begegnen und ihn für eine gewisse Zeit als geistigen Führer akzeptieren. Durch die Begegnung mit dem Tod begreifen wir die Endlichkeit dieser Inkarnation, wir fangen an, nach dem Sinn des Lebens zu fragen, was uns auf die Spur unserer Lebensbestimmung bringt und uns eine umfassendere Sichtweise auf das Leben schenkt, die den Tod mit einschließt.

In den alten Mysterienpfaden galten der rituelle Tod und die darauffolgende Auferstehung als Erwachen in das ewige Leben. Menschen, die die letzte Einweihungsstufe erreicht hatten, wurden lebendig begraben bzw. in bestimmten Räumen (z. B. der Cheops-Pyramide) in einen todesähnlichen Zustand versetzt, damit sie durch diese Erfahrung die Ewigkeit und die grenzenlose Ausdehnung des Geistes erleben und darin für immer verweilen konnten.

Wenn sie in die Alltagswelt zurückkehrten, waren sie geläutert und empfanden eine tiefe Demut vor der Größe und Liebe des Lebens. Sie ließen sich von den Schleiern der Illusion nicht mehr beeindrucken und wirkten von nun an aus dem Raum der Ewigkeit. Deswegen sind ihre Energien über große Zeiträume bis heute spürbar und gültig.

Der Tod ist in vielen Traditionen eine wichtige Auseinandersetzung im Leben. Alte schamanische Traditionen haben Einweihungsrituale in Tod und Sterben, andere Traditionen beschäftigen sich im Leben ausschließlich mit dem Moment des Todes und bereiten sich gründlich auf diesen Moment vor. Es gibt unzählige Bücher über das Sterben, den Tod und das Leben danach. Der Tod führt uns hinter die Schleier der Illusion in den großen Raum der Leere. Hier wird die schöpferische Kraft – das, was wir Gott, Urgrund, Tao oder reines Sein nennen – zu einer eigenen Bewegung. In diesem Raum der Leere wirkt sie sehr stark auf uns und zieht uns in ein mystisches Erleben hinein.

Der Tod kommt, doch er verweilt nicht. Er ist eine Übergangsstation von einem in einen anderen Zustand. Der Tod macht uns demütig. Er schenkt uns einen neuen Blick auf das Leben. Er kann uns untergehen lassen, läutern, aber auch helfen, wieder aufzuerstehen, damit wir erkennen, was wirklich wichtig im Leben ist. Auf jeden Fall erweitert er unseren Blick in eine Dimension der Ewigkeit, in der es nur fließende pulsierende Energie gibt, die immer wieder ihren Zustand verändert. Das hat auf jeden Menschen eine eigene Wirkung. Jeder Mensch nimmt auf seine Weise Abschied und erlebt die Begegnung mit dem Tod völlig anders. Es gibt hier weder ein Konzept noch eine Anleitung, auch wenn wir uns diese wünschen.

In diesem Büchlein möchte ich dir einen kleinen Einblick in dieses umfassende Mysterium geben, das jeder anders durchlebt, durchleidet und erfährt – je nach Ausrichtung und Art des Abschieds, den er erfahren hat. Ich schreibe dieses Büchlein in großer Demut vor dem Leben mit all den Höhen und Tiefen, die es uns bringt, und vor den geistigen Dimensionen, die sich hinter den sichtbaren Räumen verbergen. Die sichtbaren Räume sind nur die Spitze eines Eisberges, darunter befindet sich viel mehr, als wir erahnen können.

Ich möchte dich ermutigen – auch wenn der Kummer groß ist und der Schmerz dich lähmt –, dir das letzte Fest auf Erden für einen geliebten Menschen nicht nehmen zu lassen. Du kannst dich gegen das Geschäft mit dem Tod wehren und dieses Fest ganz im Sinne der besonderen Liebe, die uns Menschen im Leben und darüber hinaus miteinander verbindet, gestalten und damit den ersten Schritt in der Trauerbewältigung gehen. Wenn auch noch viele Schritte vor dir liegen mögen, ist ein Abschiedsritual ein ganz besonderer Schritt, der dir alle nachfolgenden ein wenig leichter machen wird.

Dieses Büchlein handelt jedoch nicht nur vom Tod geliebter Menschen, die in jedem Alter – auch schon ungeboren – von uns gehen, sondern auch von vielen anderen Abschieden, die es im Leben gibt. Der Abschied von Eltern, die sich abgewendet haben, von Lebenspartnern, wenn eine Beziehung zu Ende geht, von Kindern, die ihren eigenen Weg gehen wollen und sich lossagen, von Geschwistern, die einem fremd geworden sind, von Freundschaften, die zerbrechen, von Arbeitskollegen, die plötzlich die Firma wechseln, oder von geliebten Tieren. Doch auch der Abschied von Plätzen und Orten, an denen wir uns wohlgefühlt haben, kann rituell begangen werden.

Jede Liebe hier auf Erden ist für die Ewigkeit und gehört zu unserem jetzigen Lebensverlauf. Wir können uns nicht trennen, auch wenn wir meinen, es zu tun, da wir alle von derselben Kraft durchströmt werden. Das Leben ist Wandel, und die Liebe, die wir empfangen, gegeben und in der wir uns verbunden haben, verändert sich. Diesen Wechsel bewusst zu gestalten, hilft uns, ihn anzunehmen und weiterzugehen.

Alles hat ein Ende, nur die Liebe nicht,
sie kann weiterfließen, Raum um Raum,
von Ewigkeit zu Ewigkeit, wenn wir loslassen.

Wir erfahren viele Abschiede im Leben – kleinere, aber auch größere. Im Verlauf unseres Lebens nimmt ihre Anzahl zu, da wir in immer größere Kreise wachsen und neue Stufen erklimmen müssen. Jeder von uns folgt dabei seinem einzigartigen Seelenweg. Dazu müssen wir manches überwinden, dürfen Dinge aber auch hinter uns lassen – manchmal freiwillig, manchmal unfreiwillig, je nachdem, was das Schicksal uns beschert.

Abschied und Tod können eine große Lücke der Liebe in uns hinterlassen. Versuche nicht, diese Lücke zu füllen! Sie ist kostbar, sie darf sein und bleiben, denn sie gehört zu deinem Lebensverlauf dazu. Sie wird dich entscheidend prägen und deinem Leben eine neue Richtung geben. Durch diese Lücke scheint das Licht der Ewigkeit!

Wenn wir wirklich Abschied nehmen, eine Zeit der Trauer und des Abschieds mit guter Begleitung zulassen, den Segen, der in der Begegnung lag, erkennen und die Liebe annehmen, können wir loslassen und uns für neue Erfahrungen der Liebe öffnen. Hermann Hesse schreibt so schön in seinem Gedicht über die Stufen des Lebens: »… nimm Abschied und gesunde.«

Wirklich Abschied zu nehmen, bedeutet, weitergehen zu können.

Abschied von dir

Es ist Zeit, dir Lebewohl zu sagen,
Abschied zu nehmen, ohne zu fragen.
Alles hat hier auf der Erde seine Zeit,
sei bereit für die Ewigkeit.
Tanze im Strom der Gezeiten, im Licht,
nach dem Tag die Nacht anbricht.

Bedanke dich, und sage jetzt Lebewohl,
binde und löse,
lasse los, lasse geschehen,
der Lebensstrom wird sich weiterdrehen.

Für alles gibt es auf der Erde einen Raum,
wir wechseln ihn ständig und merken es kaum.
Abschied gibt es nicht nur im Tod,
Abschiede gibt es im Großen und Kleinen,
mal länger – mal kürzer – mal müssen wir weinen.

Sei bereit für weitere Stufen,
das Leben selbst hat dich gerufen.
Nimm Abschied, lasse los, du kannst hier nichts halten,
es gibt andere Kräfte, die über uns walten.

Die Liebe, sie ist für die Ewigkeit.
Im Herzen sind wir auf ewig verbunden,
vielleicht treffen wir uns in neuen Runden.

Wir können wachsen und uns weiten,
wenn wir den Weg der Liebe beschreiten.
Alles, was wir brauchen, schenkt uns der Moment,
der uns zusammenführt und uns wieder trennt.

Segen im Kommen,
Segen im Gehen,
Segen im Wiedersehen!

EINLEITUNG

Hier auf Erden hat alles einen Anfang, einen stufenweisen Verlauf und einen Abschied. Blätter wachsen, sie erfüllen den Raum mit ihrem Grün, verfärben sich, welken und fallen schließlich herab. Auch wir unterliegen einem Kreislauf aus Geburt (Wiedergeburt), Lebensverlauf, Sterben und Tod. Wir können nichts mitnehmen in geistige Dimensionen, außer der Liebe, die wir erfahren, und den Erkenntnissen, die wir hier gewonnen haben. Nicht nur im Angesicht eines Abschieds ist die Auseinandersetzung mit diesem Wandel wichtig, sondern auch dann, wenn wir mitten im Leben stehen.

Oft leben wir ohne jeglichen Sinn für die Endlichkeit. Wir bemerken kaum die Einzigartigkeit und Besonderheit eines Tages, die Außergewöhnlichkeit einer Begegnung, das Kostbare der Beziehung zu unserem Partner, unseren Kindern, Familienmitgliedern und Freunden und die schöpferischen Kräfte, die in diesen Beziehungen freigesetzt werden, wenn die Liebe fließt.

Im Moment des Abschieds werden wir uns der Bedeutung dieser scheinbar kleinen Dinge bewusst, da wir durch ihn erkennen, dass uns nur die Erinnerung bleibt. Erst jetzt begreifen wir das Ausmaß und die Liebe, die wir füreinander empfunden haben. Viele Dinge tun uns leid, andere Dinge werden völlig unwichtig. Unser Leben bekommt eine völlig neue Ausrichtung. Nichts bleibt mehr, wie es war, alles verändert sich von heute auf morgen. Jeder Schritt, jede Minute, jeder Tag trägt uns weiter – und Zeit kann ein großer Heiler im Angesicht des Abschieds und des Todes sein.

Deswegen stelle dir ab und an im Leben folgende Fragen:

- Wer bin ich? Warum bin ich hier? Was wollte ich auf die Erde bringen?
- Worauf will ich zurückschauen, wenn ich meinen Erdenweg beende?
- Zeige und lebe ich meine Liebe?
- Bringe ich zum Ausdruck, was mir der andere bedeutet?
- Achte ich bei denen, die mir wichtig sind, stets darauf, dass wir im Guten und in Liebe auseinandergehen?
- Wo bin ich gebunden?
- Mit wem kann ich keinen Frieden schließen?
- Wo wäre es gut, den ersten Schritt in den Frieden hineinzugehen?
- Wo kann ich beginnen, Frieden zu schließen?
- Was hinterlasse ich, wenn ich gehe?
- Was ist im Angesicht des Todes für mein Seelenheil wichtig?

Die Zeit kann man nicht zurückdrehen, und Verpasstes lässt sich nicht nachholen. Es gibt immer nur das Jetzt!

Wenn ich morgens aufstehe, folge ich einem kleinen Ritual, in dem ich mir Folgendes bewusst mache:

- Heute schenkt mir die Schöpfung einen neuen Tag.
- Heute kann ich alles anders machen als gestern.
- Heute nehme ich bewusst die Energie des neuen Tages wahr.
- Heute höre in mich hinein, was im Hier und Jetzt ansteht.

Hole dich immer wieder in die Gegenwart zurück, denn das ist die Zeit, die du wirklich lebst. Was ist jetzt? Wer ist mit mir? Was steht an? Wo kann ich Liebe leben und Liebe geben?

Ich atme Licht ein und segne mit dem Ausatmen meinen Erdenweg. Ich atme Licht ein und segne mit dem Ausatmen die Ebene zwischen Himmel und Erde. Ich atme Licht ein und segne mit dem Ausatmen das Herz unseres Universums. Ich bitte meine geistige Führung darum, mir heute alles ins Leben zu tragen, was mich wahrhaft lebendig fühlen lässt. Ich segne meinen Partner, meine Kinder, meine Familie und meine Freunde und alle, die mit meinem Feld verbunden sind. Dann fühle ich in mich hinein und schaue, was für heute ansteht. Ich mache mir die Besonderheit des Tages bewusst. Ich schreibe mir auf, was heute für mich wichtig ist und starte dann in den Tag.

Da ich den Jahresverlauf gern mit dem Medizinrad verbinde, frage ich mich jedes Jahr im Herbst, was ich lösen möchte und was losgelassen werden darf. Was möchte ich nicht mehr mitnehmen, nicht mehr mit mir herumschleppen – und was kann ich tun, um es loszulassen? Denn wenn ich es nicht loslasse, kann es unter Umständen mich, meine Angehörigen, meine Kinder und Kindeskinder belasten, oder mir in einer späteren Inkarnation wieder begegnen. Der Herbst ist eine gute Zeit, um Dinge zu lösen, die man nicht mit in den Winter nehmen möchte. Damit schafft man Platz für Neues im Frühling.

Ich frage mich, was meine Angelegenheiten sind. Diese habe ich zu regeln. Ich habe einen Ordner – einen Notfallordner –, in dem ich für meine Familie alles notiert habe, was im Todesfall zu beachten ist. Von Versicherungen, Krankenkasse, Patientenverfügung mit Nummern, Adressen und Telefon, bis hin zu meinem letzten Wunsch und Wille und einem persönlichen Brief an die, die ich liebe, ist in diesem Ordner alles enthalten.

Im Herbst nehme ich mir immer mal wieder Zeit, in diesen Ordner hineinzuschauen und ihn zu aktualisieren. Das hilft mir sehr, mir im Leben die Endlichkeit und das Wunder des Augenblicks und des Lebens bewusster zu machen. Zudem ist ein solcher Leitfaden für die Angehörigen von Vorteil, denn er hilft ihnen, die irdischen Angelegenheiten schnell zu ordnen, er spendet Trost und das Gefühl, über den Tod hinaus von der Person, die gegangen ist, begleitet und nicht alleingelassen zu werden.

Es ist wichtig, im Leben bei sich anzufangen, sich mit dem eigenen Leben hier und dem Tod auseinanderzusetzen und sich diese Gedanken nicht erst im Angesicht des Todes zu machen.

Wir können uns nur selten auf den Moment vorbereiten, in dem ein Leben erlischt, eine Freundschaft zerbricht, eine Beziehung auseinandergeht, eine Krankheit alles verändert, ein Ort verlassen werden muss, da all dies sehr plötzlich und unerwartet geschehen kann, auch wenn es sich vielleicht schon angekündigt hat.

Wir können jedoch immer mal wieder innehalten und die Veränderung, die das Leben auf dieser Erde für uns und alle anderen bereithält, betrachten. Wir können dann überlegen, was wir noch sagen, bereinigen, hinterlassen und klären möchten, damit unsere Seele Frieden findet.

Das Leben ist eine Reise des langen Abschieds, der Lebensabschnitte, Bindungen, Lösungen und Neubeginne. Lebenserfahrung entwickelt sich beim Gehen. Sie kann weder beschleunigt noch vorgezogen werden.

Ich habe das Büchlein in drei Abschnitte unterteilt: Trennung, Abschied und Tod. Einige Themen gelten für alle drei Bereiche, diese habe ich dann zusammengefasst.

Ich hoffe, dass der eine oder andere Impuls dir hilft, loszulassen, dich wieder auszurichten und das Geschenk des Lebens, solange es uns gegeben ist, mit all seinen Höhen und Tiefen anzunehmen.

In den Abschiedsritualen sind für mich drei Aspekte wichtig: Engel, der Innere Raum und die Aka-Verbindungen, die das Gewebe des Lebens ausmachen. Auf diese drei Aspekte werde ich jetzt eingehen.

ENGEL & MEISTER/-INNEN
DES LICHTES

»Sie behüten deinen Weg,
legen ihre Flügel des Lichtes um dich.
Du kannst dich jederzeit in deinem Inneren an sie wenden.
Sie sind da und helfen dir beim Weitergehen.«

Das Engelreich ist mir besonders nah. Ich habe schon als kleines Kind Engel gesehen und gemalt. Die Engel waren immer um mich herum und begleiteten mich in allen Stufen meiner Entwicklung. Sie sind immer da und wirken aus dem geistigen Raum heraus.

Eine ganz intensive Engelerfahrung hatte ich, als mein Bruder starb. Ich habe diese Erfahrung schon ausführlich in meinem Büchlein »Die Kraft der Segnung« beschrieben. Nach einem Gebet nahm ich die Gegenwart eines goldenen Engels wahr, der sanft seine Flügel um mich legte. Ich spürte die innere Wärme und das Licht zurückkehren. Hoffnung keimte auf, und ich erhielt Hilfe von einem Menschen, der mich durch diesen Prozess begleitete.

Wir können uns jederzeit in allen Situationen an die Engel wenden. Sie spenden Lebenskraft und Segen und senden uns in jeder Situation auf oft ungewöhnlichen Wegen Hilfe.

Wir bitten höhere Ebenen, uns zu begleiten, da wir ein Problem, das auf einer bestimmten Ebene entstanden ist, niemals auf der gleichen Ebene lösen können. Höhere Ebenen helfen uns, eine übergeordnete Sichtweise zu entwickeln und neue Wege zu gehen.

Wichtig ist, dass wir still werden und den Mut haben, in unser verletztes Herz zu atmen. Ein verletztes Herz ist ein offenes Herz, in das eine größere und umfassendere Liebe einströmen kann – eine Liebe, die wir bisher noch nicht kannten, da wir in unserem eingegrenzten, vermeintlich sicheren Rahmen gelebt haben. Deswegen öffne dein Herz immer und immer wieder für die Liebe zu allem Leben, und verweile in diesem Zustand der Stille und des Friedens. In dieser Stille können wir die leise sanfte Stimme, die im Herzen mit uns spricht, hören.

Bei jeder Innenwelt- oder Meditationserfahrung bitte ich die Engel, besonders meinen Schutzengel, zu mir. Sie geben mir Antworten auf meine Fragen – vielleicht nicht die, die ich hören möchte, aber die, die in dieser Situation genau richtig sind. Man kann die Engel auf verschiedene Weise wahrnehmen. Über Farben, Klänge und Formen, oder auch durch Wohlgefühle wie Wärme, innere Geborgenheit und Liebe. Sie hüllen uns ein und schenken uns Kraft, die nächsten Schritte zu tun, wie schwer sie auch für uns sein mögen.

Im Angesicht des Abschieds und des Todes verlieren wir manchmal den Glauben an das Gute und an die höheren Kräfte. Warum? Wieso? Warum gerade ich? Was habe ich getan, dass ich so bestraft werde? All diese Fragen kreisen in unserem Kopf.

Dazu möchte ich einen kleinen, aber vermutlich wichtigen Hinweis geben: Niemand von uns wird bestraft! Wir sind in unserem inneren Kern ewiges Licht und reine Liebe, auch wenn wir manchmal keinen Zugang dazu haben. Wir wissen nicht, warum Dinge so geschehen, wie sie geschehen, und sollten in diesen Momenten darauf vertrauen, dass alles einen tieferen Sinn hat, der sich uns vielleicht erst sehr viel später offenbaren wird. Für den Moment brauchen wir nur einen Schritt vor den anderen zu setzen. Nur der nächste Schritt zählt, und den können wir machen.

Wir wissen nicht, was sich eine Seele im Leben vorgenommen hat und warum sie hier ist. Wir wissen überhaupt sehr wenig im Angesicht einer so gewaltigen Schöpfung. Von daher ist es wichtig, keine falschen Schlüsse zu ziehen, sondern, so schwer es auch manchmal sein mag, weiterhin zu vertrauen, selbst wenn die Verzweiflung groß ist. Ich weiß aus eigener Erfahrung, wie schwer das sein kann.

Immer wenn dich eine Frage quält, frage dich: Dient sie mir und allen, die mit mir verbunden sind oder nicht? Wenn sie nicht dienlich ist, lasse sie mit dem nächsten Atemzug ziehen.

Wir sollten uns vergegenwärtigen, dass die Engel und Meister/-innen des Lichtes (Mutter Maria, Jesus, Hilarion etc.) nicht da sind, um in unseren Seelenplan einzugreifen oder uns vor den Erfahrungen hier auf der Erde zu schützen. Sie beschützen unsere geistige Energie und nehmen uns auf der anderen Seite in Empfang. Sie helfen uns beim Übergang.

Wie oft wenden wir uns im Leben ganz bewusst an unsere Schutzengel?

Ich habe einmal ein Mädchen im Übergang begleitet. Ich sah sie von vielen Engeln umringt nach Hause gehen. Sie war glücklich und frei von den Schmerzen, die sie in ihrer Krankheitsphase durchlitten hatte. Ihre Seelenaufgabe war erledigt. Ihre Seele wollte nach Hause gehen, während ihre Eltern diesen Schmerz nicht fassen konnten und sich fragten, warum sie nicht wieder gesund wurde. Aus geistiger Sicht sieht vieles ganz anders aus als aus unserem irdischen Blickwinkel. Manchmal dürfen wir durch die Augen der Engel schauen und die Liebe sehen, die hinter allem wohnt.

Oft fragen wir uns, warum wir oder andere in bestimmten Situationen von den Engeln nicht geschützt werden. Wo sind denn die Engel, Gott, die geistigen Helfer? Das ist eine berechtigte Frage in Situationen, in denen wir schwere Erfahrungen durchmachen. Auch ich habe in manchen Situationen schon Zweifel gehegt, wusste aber dennoch um den tieferen Sinn, der sich oft erst nach und nach offenbarte.

Aus heilerischer Sicht ist es in solchen Situationen wichtig, auch den Engeln und den geistigen Helfern zu vergeben, dass nicht alles so gelaufen ist, wie wir uns das gewünscht hätten, sondern vielmehr so, wie es ein anderer, größerer Plan vorgesehen hat. Das heißt aber nicht, dass wir im Stich gelassen wurden. Hier fällt mir die Lebensweisheit von Eljâs ebn-e Jussef Nizâmî ein, einem persischen Epiker, der zwischen 1140 und 1209 gelebt hat:

>>Alles, was geschieht und uns zustößt,
hat seinen Sinn, doch ist es oft schwierig, ihn zu erkennen.
Auch im Buch des Lebens hat jedes Blatt zwei Seiten:
die eine schreiben wir Menschen selber
mit unserem Planen, Wünschen und Hoffen,
aber die andere füllt die Vorsehung,
und was sie anordnet, ist selten so unser Ziel gewesen.<<

Es ist nicht die Aufgabe unserer spirituellen Führung, uns vor Verletzungen und Leid zu bewahren. Ihre Aufgabe ist es, uns davor zu beschützen, dass negative Energien die Oberhand über unsere geistige Kraft gewinnen, da wir in erster Linie Geistwesen sind, die eine menschliche Erfahrung machen. Sie verlassen uns niemals und helfen uns stets, wenn wir uns an sie wenden, auch wenn wir vielleicht manchmal das Gefühl haben, dies sei nicht der Fall. Tatsache ist, dass sie uns helfen – sei es auf dieser Seite oder auf der anderen, denn das spielt aus geistiger Sicht eine untergeordnete Rolle, da alles eine Energie ist.

Ein weiterer wichtiger Aspekt in der Energiearbeit und in den Lösungsprozessen ist das Aka-Feld, das Gewebe des Lebens.

DAS AKA-FELD

Alles ist mit allem verbunden. Wir sind ein fließender Strom aus Energie, ein Lebensstrom, der Energie aufnimmt und der Energie abgibt, sich mit anderen Lebensströmen verbindet und sich wieder löst. Wir hinterlassen energetische Abdrücke. Eingebunden in ein Netz aus Energie, stehen wir allzeit in schweigender, pulsierender Verbindung mit allem Sein.

»Aka« ist das hawaiianische Wort für »Essenz«, »Gewebe« und »Schatten«. Nach dem Wissen der Naturvölker hat alles Muster bzw. Strukturen und steht mit allem in Verbindung. In einem feinstofflichen Gewebe ist alles mit allem verknüpft, verwoben, und alles kommuniziert über Lichtimpulse mit allem. Ein alles durchdringendes schöpferisches Bewusstseinsfeld formt sich und gestaltet sich als sinnvolles Ganzes und Abbild des bestehenden Wissens immer wieder neu. Dieses energetische Netz aus Fäden, das im Universum alles mit allem verbindet, ist das Aka-Feld.

Generationen von Naturvölkern webten die Urmuster in ihre Kleidung und ihre Decken und drückten dieses universelle Wissen zudem in Musik, Bewegung (Tanz), Form und Farbe aus. Viele Wissende der Naturvölker beherrschten die Kunst, das Aka-Feld zu lesen und dadurch Ereignisse vorherzusehen. Außerdem konnten sie das Feld positiv beeinflussen und mithilfe der Aka-Fäden über weite Entfernungen miteinander in Kontakt treten.

Bei vielen Naturvölkern sind die Spinne und ihr Netz das Sinnbild für das Aka-Feld. Im Hinduismus steht das Spinnennetz für die kosmische Ordnung, in deren Zentrum die Spinne (Maya) die Illusionen der Welt webt. Bei den Hopis ist die Spinne die Urgroßmutter, die, weil sie das Netz der Energie webte, bei der Schöpfung der Welt eine große Rolle spielte.

Wir sind reines, schwingendes Lichtbewusstsein, das sich in unserer Form verdichtet hat. Wir sind immer noch das Bewusstsein, das sich in alles hineinbewegen kann. Wir können mit allem in Kontakt treten und mit allem über weite Entfernungen kommunizieren. Im Herzen gibt es weder Raum noch Zeit – nur Ewigkeit.

Wir hinterlassen überall einen feinstofflichen Energiefaden. Diese Aka-Schnur ist eine feinstoffliche, unsichtbare energetische Verbindung oder Verknüpfung zwischen dem Unteren Selbst (der Instanz, die die Informationen aus dem Kontakt mit anderen oder der Umgebung speichert und abruft), dem Mittleren Selbst und dem Höheren Selbst, zwischen Geistwesen und Mensch, zwischen Mensch und Mensch, zwischen dem Menschen und seiner Umwelt und zwischen dem Menschen und dem unsichtbaren Reich. Alles ist in diesem großen, feinstofflichen Gewebe also wirklich mit allem verknüpft und beeinflusst sich gegenseitig.

Wenn Menschen sich zusammentun, wenn also Energien verknüpft werden, legen sich die anfänglich so feinstofflichen Aka-Fäden zusammen und bilden je nach Intensität der Zusammenkunft eine dickere und festere Verbindungsschnur. Gut gepflegte Verbindungen werden im Laufe der Zeit zu dicken Schnüren, Standleitungen oder Kabeln und Netzwerken, die sich weiter verknoten und verstricken können. Dieses individuelle Verbindungsnetz ist immer da und überträgt ständig Daten und Informationen, die wir auf anderen Ebenen empfangen. Wir denken an jemanden – zwei Minuten später ruft derjenige an. Alles sendet Lichtimpulse aus. Wir senden und empfangen ständig etwas aus dem Netz.

Wenn wir unsere Aufmerksamkeit auf etwas richten, so bildet sich ein Aka-Finger, eine gezielte Verbindung, die wir durch unsere Ausrichtung bilden. Wir können diesen über die Atmung mit Lebensenergie aufladen, um die Energie zu verstärken. Wenn Aka-Finger sich verbinden, so entsteht eine Art Kabel, über das ebenfalls eine Energieübertragung stattfindet. Das Energiepotenzial wird ausgetauscht. Die Empfindungen können je nach Bewusstseinsgrad und Aufmerksamkeit ganz unterschiedlich sein. Konzentriere ich mich auf die Schönheit meines Gegenübers, werde ich die

Schönheit wahrnehmen. Betrachte ich die Person kritisch, sehe ich Kritikpunkte.

All unsere Handlungen werden tausendfach in unsere Umgebung reflektiert. Das Netz webt sich bei jeder Art von Kontakt mit den Sinnen, durch den Glauben, durch Gedankenimpulse, Emotionen und Handlungen. All dies wird sowohl im individuellen als auch im universellen Netz gespeichert. Durch heftige emotionale Erlebnisse mit anderen Personen speichern wir diese Energie in den Energieverbindungen. Diese kannst du dir als Knoten, Verstrickungen, Fesseln oder als anderweitig gebundene Energie vorstellen. Sie bleibt so lange erhalten und fordert unsere Aufmerksamkeit, bis wir die gebundene Energie befreien und diese wieder in den Fluss der Liebe zurückkehrt. Mit jedem Gedanken, mit jedem Impuls, mit jeder Handlung weben wir also selbst am großen Lebensnetz. Wir können, wenn wir aufmerksam sind, jede Bewegung in diesem Netz fühlen.

Übung

Schließe deine Augen. Versuche einmal, dir das Netz aus Licht, das feinstoffliche Gewebe der Grundmuster, vorzustellen. Lasse dir Zeit dabei. Vielleicht kannst du es in deinen Energiekörpern spüren. Vielleicht kannst du wahrnehmen, wo Energiefäden von dir ausgehen.

Man kann bewusst Aka-Substanz schaffen, um Lebensenergie, Mana, zu leiten. Auf diese Weise lässt sich beispielsweise Heilenergie aus höheren Ebenen übertragen. Je nach Übertragung, Bewusstsein und Intensität können uns die Aka-Fäden ganz unterschiedlich erscheinen. Manche leuchten rosa, sind leicht und fließend, andere sind bläulich-weiß, wieder andere grün, manche wirken wie aus Draht oder Stahl, andere wieder wie die Äste eines Baumes, manche sind wellenförmig, fließend, elastisch und verändern ihre Form. Manche pulsieren voll Energie und Licht, andere sind verrostete, verknotete und verletzte Aka-Fäden.

Wenn wir uns das Aka-Netz vorstellen, sollte uns dabei bewusst sein, dass es in der Gesamtheit ganz anders aussehen kann als in unserer Vorstellung, da wir von unserem Standpunkt aus schauen und oft nicht die Gesamtzusammenhänge erkennen. Doch wenn wir das Aka-Netz aus unserer Lebensperspektive heraus betrachten, so erhalten wir einen Spiegel davon, wie wir zu den Beziehungen, die wir geknüpft haben, stehen. An unserem Weg können wir immer etwas verändern. Dadurch verändern sich die Resonanzen, und dies kann wiederum Auswirkungen auf das Gesamte haben.

So knüpfen wir auf unserer Erdenreise energetische Verbindungen. Die Liebe ist ewig und wird sich nicht lösen. Was wir lösen können, sind Abmachungen, die wir getroffen haben.

Die Fäden von Abmachungen für eine gemeinsame Erfahrung, Bindungen durch Verträge und Ähnliches können und sollten mit der äußeren Lösung auch innerlich gelöst werden. Bei Trennungen, Übergängen und im Tod ist es besonders wichtig, dieses Aka-Gewebe, das Netz des Lebens, im Auge zu behalten und die Energieverbindungen und gebundenen Energien zu lösen, die jetzt nicht mehr dienlich sind.

Ein weiterer Aspekt in Abschiedsritualen sind der Innere Raum und das Herzgespräch, da wir nicht nur äußerlich existieren, sondern auch innerlich. Während wir hier eine Handlung ausführen, können wir mit unseren Gedanken und Gefühlen ganz woanders sein. Während wir lächeln, kann unsere Seele weinen. Wir führen ununterbrochen innere Dialoge, ob uns dies bewusst ist oder nicht. Diese Dialoge bewusst zu führen und hier zu einer Lösung zu kommen, ist ein wichtiger Schritt im Prozess des Loslassens und Abschiednehmens.

DER INNERE RAUM – DAS HERZGESPRÄCH

In unserem Buch »Tiki Waena«[**] habe ich zusammen mit Sabrina Dengel ausführlich über den Inneren Raum geschrieben. Er ist der geistige Raum, in dem sich ein anderer Teil unseres Bewusstseins abspielt. Während wir eine Aufgabe erledigen, können wir innerlich mit ganz anderen Dingen beschäftigt sein. Oft sind wir zwei- bis dreigleisig unterwegs und stimmen in unserem Gefühl, unseren Handlungen, unseren Gedanken und dem, was wir nach Außen zeigen, nicht überein.

Gerade in Zeiten der Trennung und der Trauer sind wir oft nicht ganz präsent, sondern hängen zwischen den Welten. Während wir nach außen strahlen, ist uns innerlich zum Heulen zumute.

In Umbruchphasen ist es wichtig, dass wir uns ganz bewusst Zeit für unser Innenleben nehmen. Wir können die Gefühle, die Bilder und die Energie, die in uns schwingt, aufsteigen lassen und ihnen Raum geben, damit sie sich wandeln können und sich nicht als Krankheit manifestieren.

[**] *Jeanne Ruland & Sabrina Dengel: Tiki Waena. Der innere Seelengarten. Schirner Verlag 2014.*

Über unseren Inneren Raum sind wir mit allem verbunden, da alles letztlich geistige Energie ist und Gegenwart, Zukunft und Vergangenheit in der Zeitlinie gar nicht existieren. Alles, was wir erlebt haben, kann gleichzeitig da sein und ist jederzeit abrufbar. Diesen Inneren Raum können wir in der Stille, in der Meditation oder durch eine schamanische Reise aufsuchen, um mit der Energie in uns, mit der Weisheit unserer Seele in Kontakt zu treten.

In Abschiedsritualen können wir uns Dinge noch einmal aus geistiger Sicht anschauen und die gebundenen Energien, die vielleicht im Leben und im Zusammensein nicht gelöst werden konnten, erkennen und durch Vergebung bereinigen. Die Tür nach innen steht immer offen.

Über das Herzgespräch, das ich in den praktischen Übungen beschreiben werde, können Dinge, die vorher nicht lösbar schienen, gelöst werden. Alles, was wir in uns heilen, alles, was wir annehmen und zulassen, jede Resonanz, die wir in uns löschen, verändert unseren Weg in der äußeren Welt. Der Zugang zu uns selbst ist für eine Heilung und Neuausrichtung sehr wichtig.

Sei in dieser Phase der Trennung und des Abschieds besonders liebevoll, geduldig und warmherzig mit dir selbst. Der Weg der Wandlung benötigt seine Zeit.

DIESE REALITÄT –
DIE WELT DER ENTSCHEIDUNGEN
UND HANDLUNGEN

»Deine Worte und Handlungen haben Kraft.
Bedenke wohl, was du willst,
und bringe es ehrlich zum Ausdruck.
Setze die Dinge um – handle,
und leite die Schritte ein, die hilfreich sind.«

Neben den Ebenen, die wir schon behandelt haben, gibt es natürlich auch noch die Welt der physischen Realität, in der wir unsere Schritte tun müssen, z. B. eine Scheidung einreichen, eine Wohnung auflösen, eine Beerdigung organisieren, Anzeigen schreiben usw. – viele, viele Schritte, die sehr anstrengend werden können, wenn wir sie nicht von innen heraus angehen. Auch hier sollten wir uns die Freiheit nehmen, uns jederzeit zu korrigieren und eine Kursänderung vorzunehmen, wenn unsere Handlungen nicht im Einklang mit unserem Herzen stehen oder wir neue Erkenntnisse gewinnen. Hier gibt es jede Menge zu tun.

Eine To-Do-Liste, auf der wir uns immer wieder Stichpunkte machen und an der wir uns ausrichten können, ist hilfreich. Jeden Tag eine kleine Zusammenfassung in ein Tagebuch zu schreiben, hilft ebenfalls, da wir diese Aufzeichnungen später immer wieder nachschlagen können.

Hilfe von außen sollten wir unbedingt annehmen. Auch hier gibt es immer mal wieder innere Impulse. Menschen kommen uns in den Sinn, die uns helfen könnten. Rufe sie einfach an. Sie kommen dir nicht umsonst in dieser Situation in den Sinn. Frage andere Menschen, die diesen Weg schon gegangen sind, was ihnen in der Situation am meisten geholfen hat, und wähle für dich die hilfreichen Impulse.

Es gibt gemeinnützige Organisationen, die dir in schweren Lebenslagen helfen. Pro Familia, vielleicht deine Kirchengemeinde und viele mehr. Auch diese darfst du in solchen Zeiten in Anspruch nehmen. Du hast viele Möglichkeiten der Begleitung, die du wählen kannst. Ich möchte dir nun verschiedene Wege aufzeigen, mit Trennung, Abschied und dem Tod umzugehen.

TRENNUNG

»Es ist Zeit zu gehen, neue Winde wehen,
mein Herz, meine Liebe ist weitergewandert.
Das Leben fließt nicht zurück,
noch verweilt es im Gestern.
Drum löse, was uns bindet,
damit jeder das Glück wieder in sich findet.«

Im Laufe unseres Lebens betreten wir immer wieder neue Abschnitte: Wir werden gezeugt, im Mutterleib getragen, mit der Geburt abgenabelt, wir kommen in den Kindergarten und in die Schule, treten in die Pubertät ein, ziehen von Zuhause aus, erlernen einen Beruf, wechseln diesen vielleicht, leben in einer Beziehung, beenden diese und beginnen eine neue, ziehen an einen anderen Wohnort, werden reifer und erfahrener, werden älter und stehen schließlich an der Schwelle des Todes.

Menschen begleiten uns ein Leben lang, für eine gewisse Zeit oder bei einer besonderen Aufgabe. Dann passiert etwas, und wir wissen, dass es Zeit ist, Abschied zu nehmen, weil die Aufgabe, die uns gerufen hatte, erfüllt ist.

So beinhalten die Stufen, die wir im Leben körperlich, geistig und auch spirituell durchlaufen, immer wieder Abschied,

Neubeginn und weitere Phasen, in denen nichts mehr ist wie zuvor. Als der Mensch noch mehr mit der Natur verbunden und in den Kreislauf der Gezeiten eingebunden war, wusste er um die Lebensstufen und um die Energie, die ganz natürlich zum Leben dazugehört. Er wurde täglich im sich wandelnden Jahreskreis auf alle Stufen des Lebens vorbereitet.

Heute haben wir uns durch die moderne Zeit und die Technik weitestgehend aus diesen natürlichen Kreisläufen herausgelöst. Wir nehmen sie nicht einmal mehr wahr. Deswegen erscheinen uns manche Stufen als außergewöhnlich und dramatisch, mehr als sie es eigentlich sind.

Bei den Jahreskreisfesten, die sich an irdischen und kosmischen Ereignissen ausrichteten, wurden die Übergänge, die ein Mensch im Laufe seines Lebens durchläuft, von einem Kreis aus Menschen begleitet. Es gab Initiationen, Rituale und Zeremonien, die diesen Übergang bewusst machten und erleichterten, da der Mensch nicht alleine war, sondern eingebunden in die Zyklen der Natur und in eine liebende Gemeinschaft von Menschen, die diese Phasen kannten.

Diese Rituale und Initiationen haben den Menschen gestärkt, stolz gemacht und ihm Kraft geschenkt, seinen Weg zu gehen und seinem Herzenspfad hier auf der Erde zu folgen. Diese Rituale haben Bewusstsein und Erkenntnisse geschenkt.

Dadurch war es leicht, weiterzugehen. Heute durchlaufen wir diese Stufen, die die Natur aufzeigt, immer noch, allerdings unbewusst, ängstlich, allein und oft kraftlos im Kampfe verstrickt, weil wir nicht gelernt haben, loszulassen, die Zeichen der Natur zu erkennen und ihnen zu folgen.

Umso wichtiger ist es, dass wir uns daran erinnern, dass Veränderung und neue Abschnitte notwendig sind, um zu wachsen. So kommen wir wieder auf unseren Pfad, den wir manchmal bedingt durch Glaubensüberzeugungen und alte Muster verlassen.

Hier nun einige praktische Lösungsrituale, die den Übergang von einer Stufe in die andere erleichtern.

1. Übung: Lebensabschnittsanerkennung (Berufswechsel, Ortswechsel, Hausauflösung)

Dies ist ein kleines Abschiedsritual für die Lebensabschnitte, die einen Einschnitt im Leben eines Menschen bedeuten können, wie z. B. eine Kündigung, ein Berufs- oder Ortswechsel.

Nimm dir einen Zettel und einen Stift, und schreibe alles auf, was in der Phase, die nun vorüber ist, gut war. Schreibe auf, was du gelernt hast, welche Fähigkeiten du erworben hast und was du aus dieser Zeit mitnimmst.

Stimme dich auf diese Weise ein, und folge dann den weiteren Schritten dieser Übung.

- Nimm dir Zeit, in der du ungestört bist.
- Zünde eine Kerze an, und begib dich in die Stille. Du kannst ruhige Musik laufen lassen oder auf den schamanischen Klängen einer Trommel reisen.
- Begib dich in Meditation. Konzentriere dich eine Zeit lang auf deine Atmung. Atme tief und lange zum Kronenzentrum ein und zum Bauchnabel aus. (3–4 Mal)
- Spüre in dein Herz. Wie fühlt es sich an? Oft verschließen wir es während einer Abschiedsphase. Wenn das Herz verschlossen ist, ist es schwierig, etwas zu fühlen oder zu empfangen. Wenn wir unseren Herzraum eng machen, dann aus Angst. In dem Wort »Enge« steckt die Angst. Wir können uns jetzt entscheiden, uns wieder zu öffnen, damit der Lebensstrom uns weitertragen kann.
- Atme sanft und achtsam in deinen Herzraum. Nimm ihn so wahr, wie er ist. Bitte deine Engel und geistigen Helfer zu erscheinen, auf dass sie dich unterstützen, führen und dir helfen, dein Herz zu öffnen und zu vertrauen.
- Stelle dir vor, wie goldenes Segenslicht aus höheren Reichen in dein Herz hineinscheint. Atme ein und aus, und fühle, wie es sich öffnet und loslässt. Wie

es weiter und weiter wird für die Liebe zu allem Leben. Hier in diesem geschützten Raum bist du vollkommen sicher. Du kannst dich weit öffnen.

- Fühle in dein Energiefeld hinein. Wie fühlt sich deine Aura an? Welche Farben, Muster und Formen kannst du dir vorstellen? Wenn deine Aura einen Klang hätte, welche Melodie würde sie spielen? Welchen Geruch hat sie? Nimm dein Energiefeld einfach wahr, ohne es zu bewerten. Erlaube, dass sich dein Energiefeld öffnet, mit Energie aus der Atemluft anfüllt, reinigt, auflädt und ausdehnt. Atme zum Kronenzentrum aus dem Feld der Einheit ein und zum Herzen aus, und fühle, wie du dich mit höheren Seinsebenen verbindest. Spüre, und stelle dir so intensiv wie möglich vor, wie weißgoldene Energie an einer Silberschnur in deinen Körper hineinströmt und beginnt, dich aufzuladen. Atme zum Herzen ein und nach vorne aus, fühle, wie du dich ausdehnst. (3 Mal) Atme zum Herzen ein und nach hinten aus, fühle, wie du dich ausdehnst. (3 Mal) Atme zum Herzen ein und zu den Seiten aus, fühle, wie du dich ausdehnst. (3 Mal) Atme zum Herzen ein und nach unten aus, fühle, wie du dich ausdehnst. (3 Mal) Atme zum Herzen ein und nach oben aus, fühle, wie du dich ausdehnst. (3 Mal) Du kannst affirmieren: »Ich bin im Schutze deiner Liebe hier.«

- Nun stimmst du dich auf das Feld ein, in das du eingebunden bist. Das Berufsfeld, das Feld der Freundschaft, das Feld des alten Ortes. Erlaube dir, dieses Feld immer mehr wahrzunehmen. Stelle es dir als ein Energiemuster vor, in das du deine Lebensenergie mit eingewoben hast. Betrachte es, und lasse alle Gefühle, Bilder und Erlebnisse, die du in dieser Zeit hattest, aufsteigen. Mit all dem bist du über die Lebensenergie verbunden.

- Betrachte das Gewebe des Lebens. Mithilfe deiner geistigen Führung beginnst du jetzt, dieses Feld zu verändern. Du segnest alles, was gut war. Womit möchtest du verbunden bleiben? Segne es, und stelle dir vor, wie es sich aus diesem Gewebe löst und sich umstrukturiert (z. B. vom Berufsfeld in ein Freundschaftsfeld).

- Nun ist das übrig, was gelöst und geklärt werden will. Spüre in dich hinein. Mit jedem Atemzug fühlst du, wie deine Energie sich aus dem Feld löst und über das Höhere Selbst (über eine höhere Ebene) gereinigt und geklärt in dich zurückfließt. Du kannst sie auch in das neue Feld (wenn z. B. ein Umzug schon stattgefunden hat) als Potenzial fließen lassen. Nun fühle in dich hinein. Was trägst oder hältst du noch? Gibt es noch unbewusste Absprachen, Verantwortlichkeiten, Muster oder Glaubenssätze? Lasse alles aufsteigen, und fühle, wie es sich löst. Atme alles nach oben, und gib es über die Atmung in die höchsten Ebenen zurück. Spüre, wie es sich löst, so lange, bis alles draußen und gesehen worden ist.

- Schaue noch einmal in diesen Abschnitt, in das Kapitel deines Lebens. Was war die Lektion für dich? Was hast du gelernt? Welche Eigenschaften und Qualitäten konntest du in dieser Zeit entwickeln? Was war die Lernaufgabe? Fühle, wie sich dieses Kapitel abgeschlossen hat. Du nimmst das Geschenk des Kapitels jetzt an dich.

- Wie bei einem Strickmuster, das zum Abschluss kommt, beginnst du nun, mithilfe deines Schutzengels oder deiner geistigen Führung deine Fäden aus dem Gewebe zu lösen. Ziehe deine Energie heraus, und schließe alles sauber und gut ab. Beende dieses Kapitel. Verweile einen Moment. Wie fühlt sich das jetzt an? Atme in dich hinein. Es sollte an dieser Stelle ein Gefühl der Befreiung, der Erleichterung, des Friedens und der Entspannung entstehen. Erlaube deinen Engeln, alles zum Besten zu gestalten. Bedanke dich für all die Erfahrungen und Lektionen. Spüre, wie du ganz zu dir selbst kommst, in den gegenwärtigen Augenblick. Verweile in diesem Frieden und in der Zuversicht, dass es für dich gut weitergehen wird. Ein sauberer und geklärter Abschluss gibt Kraft für den neuen Weg und schenkt Energie für die Neuverbindung.

- Lenke dann die Energie in das Neue. Bitte deine Engel und deine geistigen Helfer, dass sich neue Wege bahnen, und stelle dir vor, wie die Wege, die zu neuen Erfahrungen führen, jetzt gewebt werden. Fühle, wie die Lebensfäden sich in neue, helle, strahlende Felder bewegen. Hier kannst du weitergehen und in das, was deiner Weiterentwicklung und deinem Weg dient, aufgenommen werden.
- Spüre den Übergang vom Alten ins Neue, atme dich in das Neue hinein. Wie soll es sich anfühlen, wie soll es sein? Verweile einen Moment darin, bevor du deine Augen öffnest.

Persönliche Erfahrung

Hier eine persönliche Erfahrung zum Berufswechsel: Die Zeichen für einen Wechsel in meinem Leben wurden immer deutlicher. Die Kündigung stand an. Dies war mit vielen Ängsten und Trauer verbunden. Es fiel mir sehr schwer, loszulassen, da mir dieser Beruf viel Spaß gemacht und mir immer eine gewisse Sicherheit gegeben hatte. Als ich kündigte, war es mir nicht möglich, gleich aus dem Vertrag herauszukommen. Es war mitten im Jahr, und ich sollte noch bis Anfang nächsten Jahres dabeibleiben.

Am Abend beschloss ich, Abschied zu nehmen und meinen Weg weiterzugehen. Ich vollzog das oben beschriebene Abschiedsritual. Es flossen Tränen, da mir bewusst wurde, wie viel Gutes und Schönes ich erlebt hatte, wie groß dieses Feld gewesen war und was ich alles dadurch für mich gelernt hatte. Das Gewebe leuchtete in strahlendem Gold. Ich bedankte mich für dieses Kapitel in meinem Leben. Ich segnete das Feld. Mit einigen Menschen, mit denen ich eine Beziehung aufgebaut hatte, blieb ich verbunden. Sie lösten sich aus dem Kollegenfeld und gingen in mein Freundschaftsfeld.

Danach löste ich alle Energieverbindungen und schaffte in meiner Vorstellung einen sauberen Abschluss. Ich löste mich vollkommen aus dem Energiegewebe. Es war wie beim Stricken, bei dem man die Maschen abkettet. Ich verweilte einen Moment. Frieden, Entspannung und ein Wohlgefühl setzten ein. Dann lenkte ich meine Energie in das Neue und genoss es, weiterzugehen.

Am nächsten Tag kam direkt die Reaktion. Ich erhielt zu meiner Überraschung einen Anruf von meinem damaligen Chef, der mir mitteilte, dass ich zum Ende des Monats aufhören könne und sogar noch eine kleine Abfindung bekäme. Es war alles sehr friedlich und in großer Übereinstimmung. Beim Abschied flossen noch einmal Tränen – und dann war es gut.

Für mich ist es wichtig, eine Sache sauber abzuschließen, damit ich im Guten gehen und weitergehen kann und mich nichts mehr zurückhält oder bindet und damit eine Energie von der alten Angelegenheit in eine neue getragen wird.

ABSCHIED
AUS BEZIEHUNGEN

»Teilt eure Liebe, aber verschenkt nicht euer Herz.«
»Ich gebe frei und lasse fließen.«

Es ist wichtig, sich ganz bewusst aus einem Beziehungsgeflecht zu lösen, damit man gut weitergehen kann. Wenn ein altes Kapitel der Liebe zu Ende geht und eine Trennung endgültig klar ist, kann es helfen, dem endenden Kapitel eine Überschrift zu geben. Welche Überschrift würdest du dem Kapitel, das jetzt zu Ende geht, geben wollen?

Eine Trennung kann ebenso schwer sein wie der Tod. Anfangs kann es sein, dass man im Gefühl und in Gedanken noch sehr viel beim anderen ist – es entsteht eine große Lücke. Man braucht Zeit, um zu sich zurückzukommen und wieder ganz bei sich zu sein.

Abschiedsbrief

Du kannst einen Abschiedsbrief für dich schreiben, um die Situation zu verarbeiten, oder einen, den du wirklich versenden möchtest. Ein Brief hilft dir dabei, das jeweilige Kapitel abzuschließen, und ist ein schönes Ausdrucksmittel.

Abschiedsbrief für dich

Nimm dir Zeit, zünde eine Kerze an. Lege deine Hand auf dein Herz. Stelle dir dein Gegenüber vor, und schreibe alles auf, was du dieser Person noch sagen möchtest. Spüre, wie alles, was noch in dir gespeichert ist, über die Hände in das Papier fließt. Lasse den Brief eine Zeit lang auf dich wirken. Lege ihn irgendwo sichtbar hin, und lies ihn immer mal wieder. Wenn du magst, verändere ihn. Du wirst spüren, wenn es gut ist. Anschließend kannst du ihn in dein Tagebuch kleben, abheften oder in einem Feuertopf mit etwas Salbei oder Weihrauch auflösen.

Tatsächlicher Abschiedsbrief

Hier ist es wichtig, für wen dieser Brief gedacht ist, da dies den Grundton bestimmen wird. Dieser Brief ist dafür gedacht, dem Empfänger zu danken und auf freundliche Weise Lebewohl zu sagen. Es ist wichtig, dass du dir vorher überlegst, was du schreibst, andernfalls kann mehr Verwirrung als Klarheit entstehen. Sei so ehrlich wie möglich, zugleich aber freundlich und optimistisch. Sprich aus, was du den anderen noch wissen lassen möchtest, warum du sein Leben verlässt und was du über die Zeit, die ihr zusammen verbracht habt, denkst.

Beziehe das Gute und das, was ihr zusammen erfahren habt, mit ein. Beende es so, dass du wirklich mit einem guten Gefühl weitergehen kannst und so, dass für dich nichts mehr ungeklärt ist. Schreibe erst einen Entwurf, lasse ihn 2–3 Tage auf dich wirken, und lies den Brief immer mal wieder durch. Wenn du gute Freunde hast, denen du vertraust, so lies ihnen den Brief vor oder lasse sie darüber schauen. Das kann sehr hilfreich sein. Versende ihn erst, wenn du wirklich im Frieden und bereit bist.

2. Übung: Einen Engel auf den Platz stellen

Engel sind immer da. Bitte sie, dich beim dem bevorstehenden Abschied oder der Trennung zu begleiten. Bitte sie, sich auf all die Lücken und Löcher, die bei so einem Übergang energetisch in deinem Inneren entstehen können, zu stellen und dort achtsam zu wachen. Bitte sie um Führung und geistigen Beistand. Nimm dir immer wieder Zeit, nach innen zu lauschen und zu hören, was sie dir sagen oder zeigen. Du bist nicht allein.

- Atme zum Kronenzentrum ein und zum Bauchnabel aus. (3 Mal) Fühle, wie du mit jedem Atemzug zu dir selbst kommst, und stelle dir vor, wie du dich mit jedem Atemzug mit Licht, Kraft und Energie auflädst.
- Atme eine Zeit lang ein und aus, bis du ruhig und still bei dir bist.

- Schließe deine Augen.
- Öffne dein Herz für die Liebe zu allem Leben. Stelle dir vor, wie aus dem geistigen Raum ein goldener Tropfen des Segens in dein Herz hineinfließt und beginnt, dein Herz zu öffnen und alle Lichtbahnen zu reinigen und zu entfalten.
- Spüre nun in dein Feld hinein. Wie fühlt es sich an? Gibt es Löcher, Lücken, Risse oder dunkle Stellen? Bitte nun Engel aus höheren Dimensionen auf all die Löcher, Lücken, Risse und dunklen Stellen. Beobachte, was passiert und wie sich dein Energiefeld verändert. Wenn andere Menschen, z. B. Kinder, involviert sind, so bitte die Engel, sie zu behüten, damit sie ihren einzigartigen Weg gehen können.
- Nun lasse dich von deinen Engeln in eine neue Vision deines Lebens führen. Wo kann deine Reise jetzt hingehen? Erlaube, dass die vollkommene Lösung aufsteigt, und halte sie, so lange du kannst, mit einem friedlichen und freundlichen Gefühl.
- Damit legst du die Lichtbahnen vor, die dich über die Brücke von einem alten Muster in ein neues erfülltes Muster tragen.

Aufladung & Kraftfeldausrichtung

Sorge zuerst für dich selbst, und lade dich auf. Es ist wichtig, dass du dich jetzt im Blick hast und mit dir selbst gut und fürsorglich umgehst. Wann immer ein Gedanke auftaucht, in dem du dich selbst verurteilst oder niedermachst, frage dich, ob dir dieser Gedanke dient. Vergib dir dafür, denn du brauchst jetzt die Kraft deines Selbst, um diesen Weg zu meistern.

Übung: Aufladung über den Atem

Gerade in Zeiten der Übergänge ist es wichtig, dass wir uns selbst aufladen, denn wir brauchen Kraft, um diesen Wechsel zu meistern. Über den Atem werden feine Lichtströme gesendet, die uns Energie spenden.

Hier eine kleine tägliche Aufladungsübung (Pico-Pico-Atmung), bei der du jeweils drei Mal in einen Bereich deines Körpers hineinatmest und an einer anderen Stelle deines Körpers ausatmest. Jeder Atemzug wird in deiner Vorstellung von Licht und Lebensenergie begleitet.

Kronenzentrum ein – Bauchnabel aus
Linke Schulter ein – Bauchnabel aus
Rechte Schulter ein – Bauchnabel aus
Linke Hüfte ein – Bauchnabel aus

Rechte Hüfte ein – Bauchnabel aus
Beckenboden ein – Bauchnabel aus
Linker Fuß ein – Bauchnabel aus
Rechter Fuß ein – Bauchnabel aus

Du fühlst jetzt mehr Licht und Energie in deinem Körper. Dieses »Mehr« an Energie wird dir helfen, deinen Weg zu gehen.

Übung: Kraftfeldausrichtung

- Nimm eine für dich bequeme Haltung ein.
- Schließe deine Augen, und entspanne dich.
- Stelle dir dein Kraftfeld in und um dich herum vor (z. B. als Aurafeld, Energieblase, Lichtwolke, Wärme oder wie du es dir sonst vorstellen kannst …).
- Versuche, es mit all deinen inneren Sinnen wahrzunehmen – Fühlen, Schmecken, Sehen, Hören, Tasten, Riechen. Wie sieht es aus? Wie groß ist es? Welchen Klang tönt es? Wie fühlt es sich an? Welche Farbe, welchen Geruch und welchen Geschmack strahlt es aus?
- Beginne nun mit der Pico-Pico-Atmung aus der letzten Übung.
- Stelle dir dabei vor, wie sich dein Kraftfeld verändert. Mit jedem Atemzug wird es reiner, größer, strahlender,

stärker. Mit jedem Atemzug lädst du es mit Mana auf und veränderst dein Kraftfeld. Du kannst ein heilsames Symbol darin verankern, eine Kraft, die du ausstrahlen möchtest, z. B. das Senden und Ausstrahlen von Segen, Liebe, Heilung.

- Verweile in deinem Kraftfeld. Genieße es. Fühle mit allen Sinnen, wie sich die Ausstrahlung verändert hat. Wenn du bereit bist, öffne deine Augen. Beginne deinen Tag.
- Reflektiere am Abend, was sich durch diese Übung in deinem Leben verändert hat.

Es ist wichtig, dass du dir in schwierigen Zeiten vornimmst, wenigstens fünf Minuten am Tag (mehr wäre natürlich besser, doch fünf Minuten reichen) mit dir selbst glücklich zu sein, dann kann der Rest des Tages so laufen, wie er will.

3. Übung: Krafttierreise – eine Kraft, die dir in der Trennungszeit beisteht

Krafttiere begleiten uns. Ihre Medizin hilft uns, spezielle Situationen zu meistern. Ich kann hier nur aus meiner eigenen Erfahrung schreiben. In einer Trennungssituation, die ich in meinem Leben durchlebt habe, hat mir persönlich die Krafttierreise am meisten geholfen und mir Erkenntnisse und Handlungsweisen aufgezeigt, auf dich ich so nicht gekommen wäre. Tiere übermitteln uns über ihre Instinkte und Fähigkeiten eine bestimmte Medizin, die uns in schwierigen Situationen außerordentlich helfen kann und uns Verhaltensweisen an die Hand gibt, mithilfe derer die Situation verändert werden kann.

In einer Trennungssituation habe ich mir beispielsweise einen Tiger gewünscht, damit ich dieser Zeit mit Energie, Durchsetzungskraft und Feuer begegnen kann. Als ich dann jedoch auf die schamanische Reise ging, zeigte sich mir eine Wasserschildkröte. Ich fragte sie, wie sie mir helfen könne, woraufhin sie mir den Rückzug nach innen zeigte, den ich antreten sollte, wenn es schwierig würde – das Abtauchen in meine eigenen Tiefen und neue Seinswege. Dann zeigte sie mir meinen eigenen Weg, den ich gehen sollte, wenn die Luft klar sei – einen neuen Pfad in mein neues Sein. Sie war die perfekte Begleitung für mich. Feuer war schon genug da. Durch Wasser und Erde konnte dieses Feuer sehr schnell gebändigt werden, der Streit endete, und neue Wege und glückliche Fügungen ergaben sich.

Du kannst diese Reise mit jemandem, der in schamanischen Reisen bewandert ist, machen, oder für dich allein. Nimm dir ausreichend Zeit dafür. Gehe mit der Absicht in dich, ein Krafttier für die jeweilige Situation zu finden. Du kannst auf einer schamanischen Reise (sprich auf dem Klang der Trommel) in deiner Vorstellung einen Weg nach unten suchen, z. B. über eine Baumwurzel, ein Erdloch, einen Wasserstrudel, einen Brunnen oder was auch immer. Benutze diesen Weg nach unten, und betritt die Untere Welt.

In der Unteren Welt bittest du dann, dass sich dir ein Tier zeigt, das dir jetzt in dieser Situation helfen kann. Wie das Tier auftaucht, ist bei jedem Menschen unterschiedlich: Es kann sich drei Mal von anderen Seiten zeigen, du kannst dich in dieses Tier verwandeln, es kann dich auf eine Reise mitnehmen und dich wie ein Freund begleiten. Spüre auch im Körper, wo die Energie hingeht und was die Medizin des Tieres in dieser Situation ist. Kehre zurück von deiner geistigen Reise, und schreibe dir das, was du erlebt hast, auf.

4. Übung: Klärung der Emotionen

Wir sind sehr schnell dabei, andere zu verurteilen, schlecht zu machen oder sie abzuwerten – vor allem dann, wenn wir uns gerade von demjenigen getrennt haben und etwaige emotionale Verletzungen noch sehr frisch sind.

Da wir alle aus einer Energie stammen, die uns täglich durchströmt, machen wir damit auch Anteile von uns selbst schlecht, verurteilen uns und werten uns selbst ab. Andere spiegeln uns oder stellen sich als Stellvertreter zur Verfügung.

Deswegen frage dich immer: Kenne ich das Verhalten der Person auch von mir selbst, aus meiner Kindheit oder aus meinem Familiensystem? Wenn dem so ist, so verstehe deine Ablehnung als Projektion und gehe an die Wurzeln dieses Gefühls. Bevor wir unser Gegenüber verurteilen oder schlecht machen, sollten wir erst einmal drei Tage in seinen bzw. ihren Mokassins laufen. Oft wird uns etwas gespiegelt, was wir in unserem Feld noch nicht gelöst haben. Erkenntnis und Bewusstsein heilen und helfen uns, in Frieden mit der Trennung und der Person zu kommen.

Vorbereitung: Nimm dir Zeit für dich. Zünde zwei Kerzen an. Eine für dich und eine für die Person, von der du dich verabschiedest. (Wenn weitere Personen involviert sind, kannst du für diese auch Kerzen anzünden.)

- Nimm dir dein Tagebuch oder einen Notizblock, und schreibe alles auf, was dir zu dieser Person, zu eurer Beziehung, zu dir einfällt. Wenn du die Hand auf dein Herz legst: Was möchtest du dieser Person noch sagen? Lasse das einen Moment für dich wirken.
- Du kannst zwei Stühle aufstellen, die sich gegenüberstehen. Einen für dich, einen für die andere Person.
- Nun ziehe in deiner Vorstellung eine liegende Acht um dich und die Person. In dem einen Kreis der

liegenden Acht sitzt du, in dem anderen Kreis die Person. Stelle dir vor, dass ihr über das Einheitsbewusstsein verbunden seid. Über euch strahlt eine Sonne, ein Licht, das uns alle durchströmt und auflädt. Stelle dir zwei Lichtsäulen vor, die vom Himmel auf die Erde gehen. Reines Licht, reine Liebe. Spüre den Lichtstrahl aus dem Einheitsbewusstsein wie eine goldene Sonne, die in deine Säule und in die Säule der anderen Person hineinstrahlt, so dass ihr über das Höhere Selbst verbunden seid, damit sich die Situation lösen kann. Das Höhere Selbst wird immer bereit sein, Unklarheiten zu beseitigen und Frieden zu schließen. Frieden ist der Weg nach Hause und in höhere Ebenen.

- In der einen Lichtsäule befindest du dich nun.
- Bitte die Seele der Person, mit der du etwas bereinigen möchtest, in die andere Lichtsäule. In der Regel wird sie dies tun. Unser freier Wille ist unantastbar, deswegen ist es wichtig, das Einverständnis einzuholen. Erscheint die Person, ist das Einverständnis vorhanden.
- Stelle dir diese Person so genau wie möglich vor, nimm sie mit allen Sinnen wahr. Welche Gefühle strahlt sie aus? Wie ist das Schwingungsfeld? (Sei dir dabei bewusst, dass dies deine Wahrnehmung der Person ist.)

- Erlaube, dass die gesamte Situation mit allen Emotionen aufsteigt.
- Lege deine Hand auf dein Herz, und sage, wie du dich in eurer Beziehung gefühlt und was du der Person übel genommen hast. Sei dabei ehrlich, wahrhaftig und klar. Füge nichts hinzu, und beschönige auch nichts.
- Bitte nun die Person um Erlaubnis, die Angelegenheit aus ihrer Warte zu betrachten. Wenn du die Erlaubnis hast, bewege dich mit deinem Bewusstsein in die Lichtsäule der anderen Person. Betrachte die Situation aus den Augen des anderen Menschen. Fühle, was diese Situation in ihm ausgelöst hat. Lasse alles aufsteigen, und erlaube, dass alles da ist. Vielleicht hast du eine Art Aha-Erlebnis.
- Gehe nun zurück in deine Säule. Komme wieder ganz in deinem Licht, in deiner Schwingung an. Bist du bereit, zu verzeihen und zu vergeben?
- Lege deine Hand wieder auf dein Herz, und frage die andere Person, ob sie ebenfalls bereit ist, die Situation mit all den Emotionen jetzt loszulassen und zu vergeben. Wenn die Bereitschaft da ist, fühle, wie sich die Emotionen in dem goldenen Licht des Einheitsbewusstseins beginnen zu lösen, zu befreien und wie sie wie dunkle Nebelschwaden aufsteigen oder abfließen. Erlaube dem Höheren Selbst so lange

wie nötig zu wirken, und lasse alles geschehen, bis
die Energie transformiert und wieder lichtvoll ist.

- Wenn es ruhig und friedlich wird und alles wieder
  im Lichte ist, tritt auf die Person zu, und nimm sie in
  die Arme. Haltet euch, bis die Liebe wieder zwischen
  euch fließt.
- Bedanke dich für alles, was geschehen durfte. Verab-
  schiedet euch, und geht in eure Lichtsäulen zurück.
- Fühle, wie die Lichtsäule sich gemeinsam mit der
  Person auflöst.
- Verweile noch einen Moment im Frieden, und öffne
  dann deine Augen.

5. Übung: Abschiedsritual

Wenn Wege sich trennen, wird es Zeit, Abschied zu nehmen.
Solange wir den Platz nicht freigeben, kann auch nichts Neues
in unser Leben kommen. Es ist wichtig, loszulassen und darauf
zu vertrauen, dass neue Erfahrungen der Liebe auf uns warten.

Vorbereitung: Nimm dir Zeit für dich. Zünde zwei Kerzen
an. Eine für dich und eine für die Person, von der du dich
verabschiedest. (Wenn weitere Personen involviert sind,
kannst du für diese auch Kerzen anzünden.) Nimm dir
dein Tagebuch oder einen Notizblock, und schreibe alles
auf, was du dieser Person zum Abschied sagen möch-

test. Was hast du in eurer gemeinsamen Zeit gelernt? Was war die Lektion dieses Kapitels deines Lebens? Welchen Titel würdest du diesem Kapitel deines Lebens geben? Lasse das einen Moment auf dich wirken.
Es ist wichtig, dass wir die Lektion begreifen, denn dann können wir wirklich loslassen.

Abschied von dir (Meditation)

Diese Meditation kann vorgelesen oder erst gelesen und dann zu ruhiger Musik durchgeführt werden.

- Du kannst zwei Stühle aufstellen, die sich gegenüberstehen. Einen für dich, einen für die andere Person.
- Nun ziehe in deiner Vorstellung eine liegende Acht um dich und die andere Person. In dem einen Kreis der liegenden Acht sitzt du, in dem anderen Kreis die andere Person. Stelle dir vor, dass ihr über das Einheitsbewusstsein verbunden seid. Über euch strahlt eine Sonne, ein Licht, das Licht, das uns alle durchströmt und auflädt. Zwei Strahlen kommen aus der Sonne. Ein Strahl hüllt dich ein, während der andere Strahl die andere Person umgibt.
- Schließe nun deine Augen, und spüre deinen Atem. Beobachte deinen Atem, sein Einströmen und sein Ausströmen. Dehne den Atem aus, indem du beim

Einatmen und beim Ausatmen jeweils bis fünf zählst und zwischen Einatmen und Ausatmen eine kurze Pause lässt. Dehne die Pause aus, und spüre die Veränderung. Du entspannst dich immer mehr und sinkst tiefer in dich hinein.

- Öffne dich für deinen Inneren Raum. Mit jedem Atemzug sinkst du tiefer und tiefer in diesen Raum hinein. Stelle dir einen Durchgang vor, durch den du noch tiefer in deinen geistigen Raum hineingelangst.

Während du jetzt diesen Pfad entlangläufst, öffnest du deine inneren Sinne.

- (RIECHEN) Du nimmst einen tiefen Atemzug und riechst. Welcher Geruch umweht deine Nase? Wie riecht es dort?
- (HÖREN) Während du weitergehst, sperrst du deine Ohren auf. Du hörst dich um. Welche Geräusche nimmst du an deinem Inneren Ort wahr?
- (SCHMECKEN) Welcher Geschmack kommt dir in den Sinn?
- (FÜHLEN) Du öffnest dich jetzt für dein Fühlen. Du fühlst den Boden unter deinen Füßen – wie fühlt er sich an? Ist der Weg breit, schmal, weich oder steinig? Wie ist die Luft dort? Wie sind das Licht und die Temperatur?

- (SEHEN) Nun öffne deine inneren Augen, und schaue dich um. Was fällt dir besonders auf?
- (ENERGIEBEWEGUNG) Eine Energiebewegung wird dich nun in dein inneres Zentrum tragen. Wie weit bist du weg von deinem Zentrum? Gehe jetzt ganz in deine Mitte, ganz in dein inneres Zentrum hinein.

Du bittest deine Spirits, die dich begleiten und führen, zu erscheinen. Begrüße sie auf deine Weise.

Nun öffnet sich aus deiner Mitte ein Pfad zu dem Ort der Begegnung. Du und deine geistige Führung folgen diesem Pfad. Am Ort der Begegnung angekommen, nimmst du in der Haltung eines Buddhas Platz.

Fühle Frieden, heitere Gelassenheit, Ruhe und Kraft. Dehne dich aus, und fühle, wie die Lebenskraft dich durchströmt und mit jedem Atemzug auflädt. Deine geistige Führung ist bei dir. Vor dir baut sich nun die Bühne deines Lebens auf. Alles, was sich dort abspielt, ist wesentlich kleiner als du.

Bitte nun die Person zu erscheinen, von der du dich jetzt lösen möchtest. Lege deine Hand auf dein Herz, und sage alles, was du noch auf dem Herzen hast. Nimm wahr, was dir die Person zeigt oder antwortet.

Alles, was du noch in dir trägst, legst du auf den Altar der Liebe, der sich auf der Bühne deines Lebens befindet. Atme es aus dir heraus, und lege alles, was du noch trägst oder gehalten hast, dorthin. Die andere Person kann ebenfalls alles, was sie von dir und durch dich noch trägt, auf den Altar der Liebe legen.

Frage, ob es noch Seelenverträge oder Absprachen gibt, die dir nicht bewusst sind, aus diesem oder aus früheren Leben. Wenn ein »Ja« als Antwort auftaucht, so erlaube, dass diese Absprachen und Seelenverträge ebenfalls auf dem Altar der Liebe erscheinen. Erlaube, dass sie jetzt gelöst und aufgelöst werden, wie immer das auch geschieht. Gib einfach deine Erlaubnis. Die Engel und deine geistige Führung kümmern sich um die Transformation all dessen.

Die Engel überreichen dir ein Geschenk, das als Symbol für das steht, was du aus diesem Kapitel deines Lebens erfahren hast. Du öffnest das Geschenk. Nimm es mit einem tiefen Atemzug in dein Herz, und bedanke dich für das Kapitel in deinem Leben, das jetzt abgeschlossen wird.

Nun betrachtest du die Energieverbindungen zwischen dir und der anderen Person, die euch nicht mehr dienen. Deine Engel lösen diese sanft. Während die Energieverbindungen über Raum und Zeit gelöst werden, fühlst du, wie du immer freier wirst. Die Person beginnt, sich von dir zu lösen – und wie ein Ballon, der gen Himmel steigt, bewegt sie sich in dem Feld der unbegrenzten Möglichkeiten in eine Position und in einen Abstand, der euch beiden sehr wohltut. Es kann sein, dass sie ganz aus deinem Feld verschwindet oder sich so weit entfernt, dass du sie kaum noch wahrnehmen kannst. Erlaube dem intelligenten Feld, sich selbst neu zu sortieren.

Nun ist die Bühne leer. Bitte einen goldenen Engel auf den leer gewordenen Platz der Person, damit dieser sich mit neuer Kraft und Energie füllen kann. Bedanke dich für die Lösung. Du verlässt nun den Ort der Begegnung und begibst dich mit deinen Engeln wieder zurück auf den Weg in deine Mitte, den du gekommen bist. Sie geben dir noch einen Rat oder einen Hinweis, der für dich jetzt wichtig ist. Bedanke dich, und kehre in deinem Tempo zurück.

Wieder im Raum, nimmst du dich, die liegende Acht, die zwei Stühle wahr. In deiner Vorstellung löst du die liegende Acht in der Mitte, sodass sich zwei Kreise bilden. Nimm den Stuhl, und trage ihn in den Abstand, der für dich wohltuend ist. Verweile noch einen Moment, und spüre nach.

6. Übung: Platz schaffen für das Neue

Nimm dir Zeit, und gehe bewusst durch dein Haus oder deine Wohnung. Alles, was du mit der Person verbindest, von der du dich gerade trennst, kannst du jetzt abhängen, wegräumen, in einen Ordner tun, in eine Kiste packen und erst einmal in den Keller räumen oder weiterverschenken. Lasse dir Zeit, und folge deinem Gefühl. Manche Dinge wollen noch eine Zeit bleiben, bevor sie gehen. Baue die Altäre der alten Liebe ab. Frage dich, was dir gefällt und wie du deinen Wohnraum jetzt gestalten willst, da diese Beziehung ihr Ende gefunden hat. Streiche die Wände, räume um, und schaffe Platz, sodass das Alte gehen und das Neue kommen kann. Mache es dir gemütlich, sodass alles deiner Vorstellung entspricht und du dich wohlfühlen kannst.

TOD

Der Tod ist so individuell wie die Geburt. Die Geburt und der erste Atemzug sind der Eintritt in diese Verkörperung. Der Tod und der letzte Atemzug sind der Austritt aus der Verkörperung zurück in das geistige Reich, aus dem wir alle kommen und in das wir zurückkehren.

Mit der Geburt atmen wir ein – mit dem Tod atmen wir aus. Der Atem trägt uns von unserer ersten bis zu unserer letzten Minute auf dieser Erde. Er führt uns durch das Leben und trägt uns zurück ins Licht.

Es gibt im Laufe unseres Lebens meist mehrere Austritts-punkte, die wir entweder nutzen oder an denen wir gerade noch einmal vorbeikommen. Jeder von uns kennt Momente, in denen er noch einmal Glück gehabt hat, oder vielleicht auch Momente, in denen er wider allen Erwartungen ins Le-ben zurückgekehrt ist.

Wenn unsere Zeit hier auf der Erde um ist, können wir sein, wo wir wollen – die Zeit ist vorbei, wir können dem vorläu-figen Ende unserer irdischen Existenz nicht entrinnen. Wie schlimm die äußere Todesursache – gerade bei Unfällen – auch sein mag, oft ist es ein leichter Sprung ins Licht, da die Gegenwart keine Angst kennt und z. B. während eines Unfalls alles sehr langsam, in Zeitlupe, oder sehr schnell ablaufen kann. Oft ist der Übergang schon geschehen, bevor überhaupt ein Schmerz empfunden werden kann.

Es gibt auch sehr lange und schmerzvolle Abschiede, weil die Person vielleicht nicht loslassen kann oder nicht mit sich und ihrem Leben im Frieden ist oder Angstbilder (wie Höllenvorstellungen, Fegefeuer und Ähnliches) ihr Leben prägten.

Es gibt Fehlgeburten, aufgrund derer ein Mensch gar nicht erst ins Leben tritt, Tod in allen Altersstufen und Lebenslagen, auch sehr lange und qualvolle Tode und Seelen, die die Erdenebene nicht verlassen konnten, da sie gar nicht mitbekommen haben, was passiert ist, oder aus anderen Gründen hier festhängen. In diesen Fällen können wir die Seele über eine Zeremonie ins Licht begleiten.

Ich habe eine Zeit lang im Haus der Stille gearbeitet und Menschen beim Übergang begleitet. Dabei habe ich festgestellt, dass der Übergang sehr unterschiedlich vonstattengehen kann. Manche Menschen atmen friedlich aus, der Raum ist erfüllt von Licht und Frieden, während sich Freunde und Angehörige, die vor der betreffenden Person gegangen sind, auf der anderen Seite versammelt haben. Es ist, als ob die Engel jubeln und der Raum in weiß-goldenes Licht getaucht ist. Manche Menschen kämpfen dagegen bis zur letzten Minute. Man hat danach das Gefühl, der Raum wäre von Kampf erfüllt und man müsste ihn erst einmal reinigen und klären, damit die Energie sich lösen kann. Hier ist es wichtig, positive und beruhigende Bilder zu halten, z. B. die Anwesenheit von Mutter Maria oder der Engel, Licht, das wohltut, Klänge, die heilen und diesen Menschen trösten, ihm helfen, die Dinge zu bereinigen und Frieden zu finden.

Tröstlich finde ich an dieser Stelle die Zeilen aus der Bibel: Lukas 23,42.43, in denen Jesus Christus zu dem neben ihm gekreuzigten Mann spricht: »Wahrlich, ich sage dir: Heute wirst du mit mir im Paradies sein.« Frieden, Gnade, Liebe und Vergebung ist in jedem Augenblick des Lebens, auch kurz vor dem Tod noch möglich, egal, was im Leben geschehen ist. Diese Geschichte kann Trost und Hoffnung spenden und demjenigen, der am Tor des Übergangs steht, Kraft geben, loszulassen.

Für jeden Abschied ist es wichtig, ihn bewusst zu begehen, damit er losgelassen werden kann und keine größeren Auswirkungen auf nachfolgende Ereignisse hat.

Seit diesen Erfahrungen mit dem Übergang ist es für mich wichtig, Frieden mit der eigenen Seele zu halten, mir selbst zu vertrauen und treu zu sein. Zudem bemühe ich mich, die Dinge zu lösen und zu bereinigen, die mich im Leben belasten.

Frieden mit sich selbst und seinem Leben ist eine gute Voraussetzung, um leicht und mühelos in höhere Dimensionen heimzukehren.

Der Tod ist und bleibt ein Mysterium.

Abschied von dir –
im Angesicht des Todes

An dieser Stelle möchte ich meine Freundin Sigrid Beyer zu Wort kommen lassen, die lange und intensiv in der Sterbehilfe gearbeitet hat und wunderschöne Geschichten, die weit über Leben und Tod hinausreichen, schreibt. Danke, liebe Sigrid!

Was ist im Angesicht des Todes wirklich wichtig?

Es kommt darauf an, von welcher Seite wir es betrachten. Bin ich die Person, die geht, dann ist es wichtig, dass ich gehen darf, dass mich niemand hält, dass ich in Liebe meine Anteile zu mir geholt und den anderen ihre zurückgegeben habe, dass alles verziehen ist, mir und den anderen, dass ich weiß, dass ich ein Engel bin und immer sein werde. Von meiner Erdenseite her betrachtet, bedeutet es auch, dass ich alles geregelt habe, soweit es möglich war, meine Lieben, meine Tiere und auch meine Blumen versorgt sind, dass ich für alle, die mir am Herzen liegen, Engel gerufen habe, damit sie ihnen beistehen in der Zeit des Übergangs oder solange sie Engel brauchen.

Es ist auch wichtig, dass ich für den Fall, nicht mehr bei Bewusstsein zu sein, vorgesorgt habe, damit meine Lieben – aber vor allem auch die Ärzte und Ärztinnen – wissen, was sie tun und was sie lassen sollen, dass ich z. B. keine Organentnahme will, dass ich nah dem Sterben keine unnötigen, quälenden, lebensverlängernden Maßnahmen will, dass ich zwei bis drei Tage in Ruhe an einem schönen Platz mit angenehmen Düften aufgebahrt sein will, damit meine Seele in ihrem Tempo nach Hause gehen kann. Das, was mir im Leben wichtig war, kann auch im Sterben wichtig sein, vielleicht sind es Blumen, Düfte, Kristalle – das alles darf um mich sein. Es hilft den Lieben, wenn das irgendwo notiert oder zumindest besprochen ist. Ruhe, Vertrauen und Liebe sind die Essenz dessen, was ich im Angesicht des Todes brauchen werde.

Bin ich die Person, die zurückbleibt, so ist es wichtig, dass ich jeden Tag meditiere oder eine Form der Innerlichkeit, des Eins-Seins mit mir finde, dass ich meine Anteile zu mir zurückhole und die der sterbenden Person an sie zurückgebe, dass ich bereit bin, die Wünsche des anderen zu respektieren, dass ich sein Gehen akzeptiere und als Geschenk der Liebe annehme, in mein Herz nehme und vertraue.

Es ist wichtig, dass ich die Freude leben lasse und dass ich weine, wenn Trauer da ist. Letztlich, wie lange es auch immer dauern möge, verwandele ich die Trauer in Freude, in unendlich große Freude darüber, dass dieses enorme Wunder passieren konnte, dass ich Anteil daran haben durfte.

Sterben ist ein Akt der Liebe, es ist ein göttliches Geschenk. Jemanden sterben zu lassen, gehen zu lassen, loszulassen gehört für mich zu den größten Liebesgeschenken. Lasse ich mich darauf ein, wird es mich näher mit der Liebe und der Göttlichkeit verbinden als alles davor, und ich werde mich daran erinnern, dass mich mit meiner oder meinem Liebsten eine Liebe auf immer und ewig verbindet, die ich, wenn ich es zulasse, hier auf der Erde als Mensch genauso spüren und leben kann wie als Engel, wenn ich zurückgekehrt bin zu meinem Stern.

Sigrid Beyer

Tod und Leben
aus hawaiianischer Sicht

Leben und Tod als lebendiger Fluss geistiger ewiger Energie

Die Hawaiianer kennen kein Wort für Abschied. Es heißt dort: »Bis wir uns wiedersehen« – ganz gleich, ob das nun in zehn oder in 200 Jahren geschehen wird. Wir sind, wie gesagt, in erster Linie geistige Wesen, die für eine gewisse Zeit eine menschliche Erfahrung machen und nicht Menschen, die ab und zu eine geistige Erfahrung machen. Als geistige Wesen haben wir Zugang zu den unbegrenzten Dimensionen.

In Hawaii fängt der Tag mit dem Abend an, da wir zuerst in die geistige Dimension gehen, wenn wir schlafen, und dann das, was wir aus den geistigen Dimensionen mitgebracht haben, im Leben verwirklichen können. Das Leben ist ein Traum. Alles ist ein Traum. Jeder Traum kann geformt und verändert werden. Wir kommen aus dem geistigen Bereich, kehren jede Nacht dorthin zurück und reisen im Angesicht des Todes heim in unser geistiges Zuhause.

Ich möchte noch ein Stück tiefer gehen, indem ich den Ausdruck »Wai Ola« untersuche, den wir in vielen Legenden, Geschichten und Gebeten Hawaiis finden können. Er bedeutet »Wasser des Lebens« oder »Fluss des Lebens«. Das Leben wird als ein anhaltender Fluss gesehen, der selbst mit dem Tod nicht endet, denn der Tod ist eine Fortführung des Lebens in eine andere Richtung, eine andere Dimension, einen anderen Zustand. Der Tod steht nicht im Gegensatz zum Leben, sondern ist ein Teil, ein Durchgang im ewigen Lebensfluss. In den Tiefen des Wortes »Ola« verbirgt sich das ewig schwingende, pulsierende Licht, die Ausstrahlung von Licht. Die Kahunas, die traditionellen Hüter des Geheimnisses, verwenden das Licht als Symbol für unbegrenzte Energie und grenzenloses Bewusstsein. Dahinter verbirgt sich ein nicht endender Fluss aus Licht und Bewusstsein, der mit einer andauernden Bewusstseinssteigerung verbunden ist. »Wai« – »Wasser« wird ebenfalls als Symbol für das Leben verwendet.

Wenden wir den Blick nach Polynesien. Die über 1000 polynesischen Inseln sind im gesamten Pazifik verstreut. Sie reichen von Neuseeland, über die Osterinsel und Tahiti bis nach Hawaii. Zwischen den kleinen Inseln bewegt sich sehr viel Wasser. Alle Inseln stehen also miteinander in Verbindung – so wie alles Leben. Tatsächlich bewegt sich zwischen den »materiellen« Punkten, den Inseln, sehr viel Energie. Diese fließende Verbindung zwischen allem Festen ist den Polynesiern bewusster als uns, die wir auf dem Festland wohnen. Das Leben wird im polynesischen Raum als etwas Fließendes, ewig Strömendes wahrgenommen und als »Lebensfluss« bezeichnet. So wie die Luft, der Atem und das Wasser sich in immer wiederkehrenden Zyklen bewegen, so bewegt sich auch der Lebensstrom.

Es gibt noch einige andere hawaiianische Ausdrücke, die die Stellung des Todes im Lebensfluss verdeutlichen:

Ala Hoʻi Ole Mai – den Pfad ohne Wiederkehr wandern
Ua Makukoaʻe Ola – das Leben, das immer weiterfließt
Waiho Na Iwi – die Knochen zurücklassen
Moe Kau A Hoʻoilo – Schlafen, um zu keimen
(Wiedergeburt)
Haʻ Ule – anfangen, um etwas Neues zu tun

Die Hawaiianer betrachten den Tod also als Teil des Lebens, der zu den fortlaufenden, immerwährenden Lebensprozessen gehört. Er ist so selbstverständlich wie der natürliche Kreislauf, die Verwandlung, die wir in der Natur beobachten können, wie beispielsweise bei dem Vogel, der aus dem Ei schlüpft, der Raupe, die zum Schmetterling, oder dem Samen, der zum Baum wird. Jeder von uns hat eine Aufgabe im Leben zu erfüllen. Unser Höheres Selbst achtet darauf, dass wir diesen Lebenssinn entfalten. Ob wir das in einigen Stunden, in 200 Jahren, mit Freude oder widerwillig tun, bleibt uns überlassen. Es gibt viele Ebenen über der sichtbaren Ebene.

Die Kahunas beschäftigen sich wenig mit dem Leben nach dem Tod. Für sie existiert keine Zeitlinie, sondern es gibt Wellen, Kreise und Zyklen. Die Zeit kann sich ewig ausdehnen. Deshalb ist es auch nicht wichtig, wann etwas geschieht. »Alles ist gut, so wie es ist«, ist ein sehr wichtiger Satz auf Hawaii. Es gibt ein tiefes Vertrauen in die Kraft, die alles durchdringt, alles erschafft und wieder zu sich nimmt.

Der Tod wird als Innerer Raum gesehen, in dem man auf das gelebte Leben zurückschaut, alte Bekanntschaften auffrischt, in dem die Lebenskraft sich erholt und erneuert und sich für neue Erfahrungen des Wachstums bereit macht. Dieser Innere Ort, dieser Zustand wird »Po« genannt. Jede Nacht verlassen wir unseren Körper, um in unseren Träumen in diesen »Innenwelt-Raum« zu gehen. Wir können diesen Raum auch über Meditation, Trance und schamanische Reisen betreten. Wir wurden aus dem geistigen Raum geboren, stehen mit diesem Ort regelmäßig in Kontakt und werden wieder dorthin zurückkehren, um vielleicht erneut daraus geboren zu werden. Unser Höheres Selbst, Kane/Aumakua genannt, verweilt versteckt in diesem ewigen Raum, in dem alles möglich ist. Aus diesem Bereich stammen auch die Wellen der Energie, die uns erfassen können, um uns in völlig neue Erfahrungen und Bewusstseinsebenen hineinzukatapultieren. Aus diesem Bereich stammen die Seelen, die wir im Zeugungsakt auf einer Welle von Energie empfangen.

Noch ein paar Worte zum Tod

Aus Kahuna-Sicht hat es etwas mit unserem persönlichen, kulturellen und uns unbewussten Glauben und unseren Lebensmustern zu tun, wann und wie wir im Strom des Lebens weiterfließen und auf den Pfaden ohne Wiederkehr wandern.

Die Welt zeigt sich so, wie wir denken, dass sie ist. Das heißt beispielsweise, dass jemand, der das Alter bewusst oder unbewusst ablehnt oder alte, unbewusste Muster seines Umfeldes, z. B. das schreckliche Bild seiner sterbenden Urgroßmutter, in sich abgespeichert hat, wahrscheinlich ungewöhnlich früh sterben wird. Wenn jemand sich dagegen als »aktiven Hunderter« sieht und positive Bilder mit dem Altern verbindet, dann wird er wahrscheinlich auch sehr alt werden und friedlich gehen, wenn er fühlt, dass seine Zeit gekommen ist.

Jede Glaubensveränderung kann unser Leben verändern. Jede Veränderung bringt eine Energiebewegung hervor. Jede Energiebewegung kann uns auf eine ganz neue Bahn, in eine ganz neue Richtung führen. Das Leben ist festgeschrieben, aber in unendlich vielen Variationen. Jeder Tag ist ein neuer Anfang.

Das sind alles schöne Worte, die uns einiges erklären oder uns ein anderes Bild vom Sterben und dem daraus resultierenden Übergang vermitteln. Der Tod eines geliebten Menschen kann uns jedoch sehr hart und äußerst schmerzhaft treffen, uns in einen Schockzustand versetzen, uns die Sprache verschlagen, große innere Lücken und viele Fragezeichen hinterlassen.

Es kann Monate und Jahre dauern, bis wir diesen Verlust hier auf der Erde verarbeitet haben und weitergehen können, und diese Trauerphase wird immer zu unserer Biografie gehören.

Es gibt viele Bücher zum Thema Trauerbewältigung. Die meisten haben mir nicht geholfen, da es kein Patentrezept für diese schwere Zeit gibt. Es gibt immer nur den nächsten Schritt, den ich gehen kann, den Impuls in meinem Inneren, der mich Stück für Stück führt, und die lieben Menschen, die mich in dieser Zeit achtsam begleiten. Gespräche mit Freunden, Familienaufstellungen, Massagen und vieles mehr können mir jedoch nur helfen, wenn ich bereit bin, mir helfen zu lassen.

Da ich weiß und selbst erlebt habe, wie der Tod eines geliebten Menschen, eines Kindes, eines Partners uns zutiefst treffen kann, möchte ich hier nichts verklären oder beschönigen. Es braucht die Zeit, die es braucht, und das kann sehr unterschiedlich lang, manchmal sogar ein Leben lang dauern. Nach dem Tod meines Bruders habe ich zwei Jahre gebraucht, bis ich mich wieder ganz dem Leben zuwenden konnte. Der Schmerz kam in regelmäßigen Wellen, mal stärker, mal schwächer, mal gar nicht zu spüren. Die Wellenabstände wurden mit der Zeit größer. Ich fragte damals die Geistige Welt, ob denn der Schmerz niemals aufhören würde. Ich erhielt folgende Antwort, die mir sehr geholfen hat: »Nein, der Schmerz hört nicht auf. Doch mit der Zeit werden die Abstände zwischen den Wellen des Schmerzes größer, und man kommt schneller wieder aus tiefen Schmerzphasen heraus.« Das stimmt, denn auch heute, nach über 20 Jahren, spüre ich ab und zu noch das unangenehme Ziehen dieser Wunde.

Durch einen Unfall und ein Nahtoderlebnis fürchte ich das Sterben nicht. Wir kehren Heim in die Liebe, in das reinste und schönste Licht und die vollkommenste Geometrie. Wir dehnen uns aus in einem Meer des Bewusstseins, das keinen Anfang und kein Ende hat. Wir erleben noch einmal alles aus geistiger und übergeordneter Sicht, was wir hier auf diese Welt gebracht haben.

Wenn wir sterben und Menschen uns nicht loslassen, fühlen wir deren Schmerz und Trauer – doch das ist nicht unsere Absicht aus übergeordneter Sicht. Wir wollen Menschen, die wir lieben, glücklich sehen. Wir wollen, dass sie uns loslassen und vertrauen. Wir sind da, auch wenn wir nicht mehr sichtbar sind und die Räume gewechselt haben.

Wenn ein von uns geliebter Mensch die Ebenen wechselt, ist es natürlich auch für uns wichtig, trotz unserer Trauer loszulassen und dem Weg, den die Seele nun eingeschlagen hat, zu vertrauen. Deswegen schreibe ich hier etwas über das Abschiedsritual, da es wichtig ist, dass sowohl die Seele, die den Raum gewechselt hat, ihren Weg weitergehen kann als auch die Hinterbliebenen ihren Erdenweg. Irgendwann sehen sich alle im geistigen Raum wieder, über den wir sowieso verbunden sind.

Meine Botschaft ist: VERTRAUE DER LIEBE. Sie ist ewig. Sie erlischt nicht, nur weil wir die Räume und Ebenen wechseln.

Ich persönlich halte es für sehr wichtig, dass wir das letzte Fest auf Erden, das wir für die geliebte Person gestalten können, auch wirklich in die Hand nehmen und es ihren letzten Wünschen entsprechend und zusammen mit dem Freundes- und Familienkreis gestalten. Da ich hellsichtig bin, kann ich sagen, dass die Personen bis zu ihrer Beerdigung bei uns sind und alles mitbekommen. Sie geben uns Impulse und Hinweise, wenn wir unser Herz nicht verschließen, sondern offen und empfänglich bleiben für die Liebe, die uns verbindet. Wir können in dieser Zeit lachen, Freude empfinden, weinen, trauern und noch einmal in die Erinnerungen eintauchen, die wir mit dem Leben der gegangenen Person verbinden.

Das letzte Fest auf Erden

Auch wenn die Trauer den Atem raubt, die Kraft versiegt und du nicht weißt, wie es weitergehen soll, so ist es wichtig, das letzte Fest auf Erden zu gestalten, um diesem Menschen die Ehre zu geben. Höre dabei auf dein Herz, und gestalte den Abschied so, wie es für dich wichtig ist. Höre dabei auf dein Herz, und gestalte den Abschied entsprechend den Wünschen des Toten und mit Rücksichtnahme auf sein familiäres Umfeld und den Kreis, aus dem der Mensch stammt. Auch das Umfeld möchte Gelegenheit haben, sich angemessen zu verabschieden. Man kann einen Abschied im kleinen Kreise für Menschen gestalten, die auf andere Weise Abschied nehmen möchten, und eine Trauerfeier, die in das Umfeld passt, in dem der Mensch gelebt hat. Man kann auch beides auf sanfte Weise miteinander kombinieren. Jede Familie, jeder Kreis kann für sich entscheiden, wie es unter den jeweiligen Umständen angemessen ist.

1. Bei dem Leichnam verweilen, ihn aufbahren lassen

Die Gelegenheit, den Toten noch einmal hier auf Erden zu sehen, wird nicht wiederkommen. Mir hat es sehr geholfen, beim Leichnam zu verweilen und zu spüren, dass dort nur noch eine leere Hülle liegt, während der lebendige Geist gegangen ist. Diese Leere Hülle kann getrost aufgelöst oder der Erde zurückgegeben werden.

Es ist wichtig, jede Entscheidung der Hinterbliebenen zu respektieren. Manche Menschen wollen den Verstorbenen noch einmal sehen, manche nicht. Es ist auch wichtig, die Entscheidung von Kindern zu respektieren, wenn sie mitkommen wollen, und sie nicht fernzuhalten. Kinder haben ein sehr gutes Gespür für die Wahrheit, und diese Wahrheit ist der erste Schritt in der Trauerbewältigung und dem Abschied. Wichtig ist auch, im Gespräch zu bleiben, zwischen den schweigsamen und tiefen Momenten das mitzuteilen, was gerade ist – auch hier sollte man Kinder ernst nehmen und sie nicht ausschließen.

Kinder werden oft von den Gesprächen der Erwachsenen fern-
gehalten und das kann zu falschen Annahmen und gruseligen
Vorstellungen führen, z. B. dass der geliebte Mensch jetzt in
einer Kiste unter der Erde liegen muss, in der es kalt ist.

2. Abschiedsbrief

Es ist auch hilfreich, einen Abschiedsbrief zu schreiben, den
man mit in das Grab geben kann. Manche Abschiedsbriefe
werden auch auf der Beerdigung vorgelesen, weil sie so be-
rührend sind und die gegangene Person so gut beschreiben.

3. Festgestaltung

Auf der Beerdigung ist der Verstorbene mit seinem Engel
anwesend. Ich habe dies schon auf einigen Beerdigungen
sehen, mit begleiten und erleben dürfen. Der Verstorbene
bleibt auf dieser Erdenebene, bis sein Körper der Erde oder
dem Feuer übergeben wird. Deswegen ist es auch möglich,
dieses letzte Fest auf der geistigen Ebene mit dem Verstorbenen zusammen zu gestalten.

4. Blumen und Kerzen

Blumen und Kerzen sind Ausdruck der Liebe, die wir für diesen Menschen empfinden. Wähle Blumen, die der Mensch zu
Lebzeiten sehr gemocht hat.

5. Bilder des Verstorbenen

Jeder kann sein Lieblingsbild des Verstorbenen in einem schönen Rahmen aufstellen.

6. Weitere Gestaltungsmöglichkeiten

Da jedes Leben einzigartig und individuell ist, sollte auch dieses Fest die Einzigartigkeit des Menschen hervorheben. Wenn ein Kind gestorben ist, so ist es wichtig, etwas für dieses Kind machen zu dürfen – vielleicht ein Bild malen, einen Brief schreiben, ein Tuch mit Handabdrücken anfertigen oder andere persönliche Botschaften gestalten, die man dann mit in das Grab geben kann. Möglicherweise kann man auch den Sarg bemalen oder Luftballons zum Himmel aufsteigen lassen.

Wenn ein Jugendlicher gegangen ist, sollte den Freunden Raum gegeben werden, den Abschied mitzugestalten, z. B. durch eine Rede, Musik und Lieder, die der Jugendliche gern mochte. Sportarten, die der Mensch sehr geliebt hat, sollten mit berücksichtigt werden. Vielleicht können auch ein Skateboard, ein Tennisschläger oder ein Fußball mit am Sarg sein. Damit erweist man dem Verstorbenen die letzte Ehre und zeigt ihm, dass man ihn wirklich gesehen hat und achtet. Hier geht es nicht darum, anderen zu gefallen oder den Rahmen einzuhalten, der standesgemäß ist. Hier geht es darum, dem Verstorbenen die letzte Ehre, einen letzten Ausdruck der Liebe hier auf Erden zu zeigen und damit einen Abschied zu feiern, der uns selbst hilft, ohne die körperliche Gegenwart des Verstorbenen weiterzugehen. Finde bitte den Mut, neue Wege zu gehen!

Frage dich:

- Was hat der Verstorbene mir geschenkt?
- Was hat sich durch die Begegnung mit ihm in meinem Leben verändert?
- Was hat der Verstorbene gern gehabt?
- Wenn er diesen Abschied gestalten könnte, was würde er sich wünschen?
- Was war seine Lieblingsmusik?
- Was war seine Botschaft an die Welt?
- Was hat er geschenkt, der Welt gebracht und den Menschen gegeben?
- Welche Menschen waren ihm wichtig?

Erlaube den Menschen, die ihn geliebt haben und jetzt Abschied nehmen müssen, etwas vorzutragen, zu sagen, zu gestalten. Du kannst z. B. auch die Lieblingsdecke oder einen anderen Gegenstand, der dem Verstorbenen am Herzen lag, mit in den Sarg geben. Was sollte an diesem besonderen Tag für ihn zum Ausdruck gebracht werden?

Habe den Mut, das umzusetzen, worüber sich der Verstorbene wirklich gefreut hätte, und quäle dich nicht mit einer Standard-Trauerfeier, die man nur hinter sich bringen möchte. Gestalte die Trauerfeier mit viel Fingerspitzengefühl in Absprache mit allen nahen Betroffenen, sodass es ein würdevolles letztes Fest auf Erden wird, in dem man sich wirklich gebührend und gut verabschieden kann. Man kann auch neue Elemente und kleine neue Akzente in die Trauerfeiern mit einbringen, z. B. den Sarg mit einem letzten Gruß bemalen. Dieser Moment des Abschieds ist einmalig und kommt nicht wieder.

Wenn du diesen Weg mit dem Verstorbenen gehst, wirst du viel über ihn erfahren, was dir bisher verborgen war und damit die erste Stufe des Abschieds nehmen, die zur Trauer-bewältigung gehört. Manchmal offenbaren sich gerade in dieser Zeit enorme Erkenntnisse, Einsichten und Aha-Erleb-nisse, die dem geistigen Wachstum dienen.

Wichtig ist auch, dem Verstorbenen zu vergeben, zu ver-zeihen und für ihn zu beten, wenn er z. B. durch einen tra-gischen Unfall andere mit in den Tod gerissen hat. Alle Be-troffenen können gesegnet und die Engel gerufen werden, damit diese Wunde heilen kann. Das kann ein längerer Weg sein, der aber möglich ist, wenn wir hinschauen und das tun, was es braucht, um zu heilen.

Bei Todesursachen, die bei den Angehörigen für ein regelrechtes Trauma sorgen, ist es wichtig, dieses Schritt für Schritt zu verarbeiten und sich an professionelle Helfer zu wenden, die alle Familienmitglieder betreuen und begleiten. Nicht nur der nächste Angehörige hat einen Menschen verloren, sondern viele Menschen. Wichtig ist es, auch die Geschwister zu berücksichtigen, die oft schwerer mit solch einem Abschied ringen, als wir erahnen.

Hier nun ein Abschiedsritual für den Verstorbenen

Möge es uns gelingen,
jenen Ort deiner Seele zu erreichen,
wo dich ein Überfluss an Liebe, Wärme,
Nähe und Vergebung erwartet.
(Irischer Segen)

Hier ein Ritual, das ich bereits mehrmals begleiten durfte und das die Herzen der Menschen tief berührt hat. Danach hat sich jeder frei und fast freudig und erfüllt gefühlt.

Lies dir dieses Ritual durch. Wenn du schon Erfahrungen hast, die sich bewährt haben, so kannst du es natürlich auch umgestalten, sodass es für dich und alle Beteiligten passt. Jeder, der zu diesem Abschiedsritual kommt, kann z. B. einen Brief mitbringen, den er an den Verstorbenen geschrieben hat. Das hilft, die Gedanken zu fokussieren und den Kern der Verbindung zu erkennen.

- Triff dich zu einem bestimmten Zeitpunkt mit den Menschen, die die Person gekannt und geliebt haben. (Das kann nach der Beerdigung sein, ein Jahr später zum Todestag oder zu einem anderen Zeitpunkt, der dir und den anderen passend erscheint.) Jeder kann etwas Individuelles mitbringen, was ihn mit diesem Menschen verbunden hat.
- Errichtet einen wunderschönen »Altar«, eine schöne »Mitte« mit Kerzen, Blumen, Bildern und all den persönlichen Erinnerungen an den geliebten Menschen, der die Räume gewechselt hat.
- Setzt euch im Kreis um diese Mitte herum. Stellt euch einen geborgenen und sicheren Raum vor, umgeben von einem Kreis aus goldenen Engeln. Ihr könnt auch räuchern oder euch auf eine andere für euch angenehme Weise vorbereiten.
- Zündet eine Kerze für die verstorbene Person an. Ihr könnt diesen Menschen, der gegangen ist, geistig einladen. Manchmal kann man die Anwesenheit der Person fühlen oder wahrnehmen.
- Geht gemeinsam für eine gewisse Zeit in die Stille, und verbindet euch bewusst noch einmal mit dieser Person. Erlaubt euch, dass Erinnerungen aufsteigen,

Tränen fließen, ein Lächeln über die Lippen huscht oder was auch immer.

- Es kann ein Redestab herumgereicht werden, und jeder kann erzählen, was er mit dieser Person verbindet und erlebt hat, oder seinen Brief an die Person vorlesen. Er kann aber auch einfach dabeisitzen und den Redestab weitergeben, wenn er in diesem Moment nichts sagen möchte oder kann. Dies hilft, alle Informationen, die jetzt gereinigt oder ins Licht gehen wollen, aufsteigen zu lassen.
- Nun begebt ihr euch gemeinsam in eine Meditation. Ihr könnt dazu leise Musik laufen lassen. Diese Meditation kann eine Person anleiten und den nachfolgenden Text laut vorlesen.

Abschiedsmeditation

Schließe deine Augen. Nimm ein paar tiefe Atemzüge, und komme zu dir. Mit jedem Atemzug sinkst du tiefer in deinen geistigen Raum. Öffne deine inneren Sinne, und stimme dich ein. Bitte deine Spirits, dich zu begleiten.

Bitte nun Engel mit goldenen Schalen in diesen Raum, und stelle dir ihre Gegenwart bildlich vor.

Nun bittest du die verstorbene Person zu erscheinen.
Lasse dir Zeit. Wenn du ihre Anwesenheit im Raum
wahrnimmst, begrüße sie. Frage sie, wie es ihr geht.

Lege deine Hand auf dein Herz, und sage ihr noch einmal
alles, was du auf dem Herzen hast, was dich in Bezug
auf sie bewegt hat und was du ihr jetzt noch mit auf den
Weg geben möchtest. Warte einen Moment, und nimm
wahr, was die Person dir antwortet, zeigt oder zu verste-
hen gibt. (Pause und Raum lassen)

Wenn du emotionale Lasten oder anderes für die Person
getragen hast oder sie für dich, so lege diese in die goldenen Schalen der Engel, die jetzt hier anwesend sind.
Spüre, wie du mit der Person in Frieden kommst, wie
Vergebung und Gnade geschehen und sich alte Energie
transformiert. (Pause und Raum lassen)

Falte nun deine Hände zu einer Schale vor deinem Herzen.
Schaue, was die Person dir für deinen weiteren Weg in die
Hände legt. Vielleicht spürst du es, weißt es einfach oder
siehst es. Kannst du das Geschenk annehmen? Wenn ja,
nimm es in dein Herz. Wenn du das noch nicht kannst,
übergib es deinem Engel. (Pause und Raum lassen)

Was möchtest du der Person auf ihrem geistigen Weg mitgeben? Gib es ihr jetzt in deiner Vorstellung. (Pause und Raum lassen)

Nun spürst du in eure irdischen Energieverbindungen, die in diesem Leben zwischen euch entstanden sind, hinein. Warte, bis du diese Energieverbindungen, Fäden, Schläuche, Rohre, Netzwerke fühlst oder wahrnehmen kannst. (Pause und Raum lassen)

Bitte jetzt die Engel, diese Verbindungen aus dir und der Person sanft zu lösen. Vielleicht spürst du, wo diese in deinem Körper gesessen haben, wie tief diese Verbindungen waren und was für eine Art Verbindung sie dargestellt haben. Spüre die Lösung, fühle, wie die Anschlussstellen gereinigt und versiegelt werden. Warte, bis alle irdischen Energieverbindungen gelöst sind. Wie fühlt sich das jetzt an? Wie geht es der verstorbenen Person? Wenn es energetische Lücken gibt, so bitte die Engel auf diese Lücken und leeren Stellen, sodass sie heilen können.

Bedanke dich für all die Erfahrungen und die hier erlebte Zeit, und wisse, dass die Verbindungen der Liebe immer bleiben. Erlaube nun, dass sich das intelligente Feld ganz von allein neu ordnet. Es kann sein, dass diese Person jetzt davonschwebt, sich in einer Weise neu positioniert, die euch beiden wohltut. (Pause und Raum lassen)

Verweile noch einen Moment, und lasse geschehen. Spüre den Frieden und die Veränderung, und komme in deiner Zeit wieder in den Raum zurück.

Wenn ihr dann die Meditation beendet habt, macht eine kurze Pause und trinkt etwas. Danach kann man noch einmal in der Runde zusammenkommen und sich darüber austauschen, was man gefühlt, erlebt und gesehen hat, und wie es einem jetzt geht. Jeder kann sich mitteilen oder nicht, ganz wie es für ihn von Herzen passt. Dann beendet die Runde. Löst den Altar in der Mitte auf. Tragt die Kerze nach draußen unter das freie Himmelszelt, und lasst sie dort ausbrennen. Bringt auch die Blumen nach draußen, und überlasst sie ihrem natürlichen Prozess. Man kann noch zusammensitzen, etwas gemeinsam essen und die Zusammenkunft sanft ausklingen lassen. Erfahrungsgemäß ist es nach dieser Zeremonie so, dass man wieder ganz in seinem Leben ankommt und seinen eigenen Weg weitergehen kann. Man fühlt viel Frieden mit der Situation.

Seelenheimführung
von Eva und Günther Linder

Danke für diesen wundervollen Beitrag.

Unser Freund Johann ist mit 42 Jahren an einem Tumor gestorben. Nach sehr kurzem Leiden ging er nach Hause zurück. Die Beerdigung im Heimatort war sehr kühl, und wir wurden von seiner Lebensgefährtin gebeten, eine »Heimführung«, wie es ihm gebührt, zu gestalten. Es bedurfte keiner langen Überlegung, und mein Mann und ich (wir sind beide Schamanenlehrer) begannen mit den Vorbereitungen für die Seelenheimführung.

Wir sammelten gemeinsam mit unserer zehnjährigen Tochter Steine vom Fluss. Wir reinigten und räucherten diese mittels eines Rituals, um sie dann für die Zeremonie einsetzen zu können. Der Ort, den wir für das Ritual zur Verfügung gestellt bekommen hatten, war ein romantisches Grundstück am Ossiacher See (Kärnten) mit direktem Blick und Zugang zum Wasser. Der Ritualplatz wurde von uns mit einem Reisigbesen gekehrt, um den Platz auch energetisch zu säubern. Auf diesem »gereinigten« Platz legten wir ein Medizinrad aus frischen Rosenblütenblättern, die wir im eigenen Garten frisch gepflückt hatten.

In der Mitte des Medizinrades gestalteten wir einen kleinen Altar, bestehend aus persönlichen Dingen und einem Bild des Verstorbenen. Alle zwölf teilnehmenden Freunde stellten sich im Kreis um das Medizinrad auf. Zum Schutz wurden alle mit weißem Salbei »abgeräuchert«. Nun konnte sich jeder aus dem Kästchen mit den vorbereiteten Steinen einen herausnehmen, den er während der Dauer der Zeremonie in der Hand hielt, um ihn mit Wünschen, Segnungen und guten Gedanken für unseren verstorbenen Freund aufzuladen.

Die Zeremonie begann damit, dass wir alle Helfer (Erd-, Wasser-, Luft- und Feuerwesen, Engel, Feen und Elfen) einluden, uns bei diesem Fest zu unterstützen. Dann sprach mein Mann als Zeremonienleiter das folgende Gebet:

Gebet für die Seele im Kreise

Johann, höre noch einmal die Worte des Lebens.
Deine Mutter hat dich geboren unter Schmerzen. Sie hat dich ernährt, aufgezogen, so gut sie es vermochte. Als du klein warst, hat sie dich geliebt wie ihr eigenes Leben. Du hast ihr viel Freude geschenkt. Dein hügeliges Leben, das du durchwandert hast, wurde von den kosmischen Helfern begleitet. Du hast nun das Ende des irdischen Lebenspfades erreicht.

Heute haben sich hier Menschen versammelt, um dir Lebewohl zu sagen. Sie trauern, weil du von uns gegangen bist. Auch unsere Zeit hier ist begrenzt, und wenn der große und weise Schöpfer uns ruft, werden wir uns in der göttlichen Liebe wiederfinden.

Na-ho! So sei es!

Nach diesem Gebet wurde jeder Einzelne von uns aufgefordert, eine persönliche Geschichte mit sich und Johann zu erzählen, wenn er diese teilen wollte. Aufgrund dieser persönlichen, sehr berührenden Geschichten war Johanns Seele für uns alle spürbar, mitten unter uns. Das war der Zeitpunkt, ihm den Weg ins Licht zu bereiten. Mit Trommelklang und folgender Meditation begann die feierliche Heimführung:

Seelenheimführung (Meditation und Reise)

Wir stehen im Kreis um das Medizinrad. Jeder hält einen gereinigten Stein in der Hand. In der Mitte des Medizinrades ist ein kleiner Altar mit persönlichen Dingen des Verstorbenen.

Mit meiner Trommel schlage ich den Herzrhythmus. Wir atmen tief in den Bauch ein und über unsere Füße wieder aus. Das machen wir mehrmals, bis sich unsere Sinne ganz bei Johann befinden. Wir sehen ein Feuer, das mit einem schönen orange-blauen Schein brennt. Die Seele Johanns ist bei uns. Wir spüren sie körperlich. Über dem Feuer erscheint Stufe für Stufe eine Treppe. Sie führt immer höher in den Himmel. Wir steigen die Treppe mit Johann hinauf, bis zu einem silbernen Tor.

Oben angekommen öffnet sich das Tor. Wir gehen mit ihm hindurch und stehen auf einer Plattform. Von hier führt ein weißer Weg hinunter in die Seelenwelt.

Wir verabschieden uns von Johann und sprechen und flüstern den Steinen in unseren Händen Wünsche und gute Gedanken für Johann zu. Der Blick in die Seelenwelt entfacht in uns einen tiefen Frieden. Johann macht sich auf den Weg hinunter, und wir treten über die Treppe den Weg zurück in unsere irdische Welt an.

Je näher wir unserer Welt kommen, desto intensiver werden ihre Farben. Das Feuer brennt jetzt in einem rötlichen Schein, der uns alle umfängt, durchflutet und uns wieder erdet. Wir atmen wieder mehrmals tief in unseren Bauch ein und über die Füße in die Erde aus. Mit einem letzten, lauten Trommelschlag hole ich wieder alle in das Hier und Jetzt.

Nach dieser inneren Reise war eine sehr feierliche Stimmung spürbar, und jeder Teilnehmer ging mit seinem Stein in der Hand in eine Ecke des Grundstückes, um ihn und ganz nach seinem freien Willen Mutter Erde zu übergeben.

Wieder nach Hause auf die Erde zu kommen, fiel uns allen relativ schwer, denn die Reise und die mächtigen Gefühle des Friedens und der Liebe hielten uns doch sehr gefangen. Diese tiefen Gefühle durften wir alle auch in die Steine in unserer Hand einfließen lassen, um sie schließlich an Mutter Erde zurückzugeben. Einige gruben ihren Stein ein, einige legten ihn ins Feuer, und einige gaben ihn dem Wasser zurück.

Danach saßen wir bei Kaffee und Kuchen zusammen. Im Hintergrund liefen die Lieblingslieder von Johann, während am Laptop Bilder von unserem gemeinsamen Leben zu sehen waren.

Und so kitschig es auch klingen mag, ein malerischer Sonnenuntergang über dem Ossiacher See zeigte uns das Ende dieser Feierstunden an.

In Liebe Eva und Günther Linder
Gemeinschaftspraxis Seelenklang

Seelenheimführung
an Orten und Plätzen

Wenn irgendwo ein Unfall passiert ist, speichert sich die gesamte Information im Lichtfeld der Erde. Ich habe festgestellt, dass es sehr wichtig ist, den Unfallort zu würdigen und das Energiefeld zu »glätten«, damit es für alle und alles wieder heilen kann.

Oft passieren Unfälle immer an derselben Stelle, weil die Energien sich dort nicht beruhigen. Du kennst sicher auch Orte oder eigentlich harmlose Wege, an denen es immer wieder zu Unfällen kommt. Das liegt oftmals an der dortigen Speicherung der Informationen und des »verbogenen« Lichtfeldes der Erde. Wenn ich von Unfällen höre, so zünde ich sofort Kerzen an und bitte die Engel, die betroffenen Menschen durch diese schwere Zeit zu geleiten. Es ist wichtig, die Unfallstelle und alles, was dort noch spürbar ist, zu würdigen und in die Ordnung zurückzubringen.

Hier eine Möglichkeit dies zu tun:

Empfehlenswert sind eine oder mehrere erfahrene Personen, die in sich stark, klar, stabil und gewillt sind, an diesen Ort Heilung zu bringen. Ab drei Personen sind wir ein Kollektiv, das auch das kollektive Feld berühren kann.

Mehrere Personen können sich gegenseitig Feedback geben. Auf diese Weise potenziert sich die Energie.

Wir können an die Stelle, an der der Unfall passiert ist, Blumen, Kerzen, Wasser, Räucherstäbchen oder Dinge legen, die für uns eine heilsame Energie verbreiten. Auf jeden Fall sollte darauf geachtet werden, dass kein Müllberg zurückbleibt, sondern die Natur aufatmen kann. Es sollten also alles Dinge sein, die recht schnell biologisch abbaubar sind. Weiter können wir Sitzunterlagen, Musikinstrumente und das, was uns spontan in dieser Situation in den Sinn kommt, einpacken.

Viele von uns kennen das Phänomen: Wir betreten einen Ort oder ein Gebäude und spüren intuitiv, dass irgendetwas nicht stimmt. Es fühlt sich an, als ob irgendetwas dort nicht hingehört, eine plötzliche Kälte breitet sich in uns aus, es wird etwas dunkler, obwohl die Sonne scheint, wir bekommen eine Gänsehaut, es läuft uns kalt den Rücken herunter usw. Jeder von uns nimmt dies auf andere Weise wahr, manche können das vergangene Geschehen an einem solchen Ort auch sehen. Das Lichtfeld fühlt sich verzerrt, verletzt, verbogen, einfach ungut an.

An diesen Orten kann ein Drama geschehen sein, das sich durch solche Energiephänomene ausdrückt. Orte, an denen

Leid, Schocks durch Unfälle oder Böses geschehen ist, kann man deutlich über diese Energiephänomene wahrnehmen. Manchmal bleiben Verstorbene oder Seelenteile von Menschen, die in diese Situation involviert waren, an solch einem Ort stecken und können ihn aus eigener Kraft nicht verlassen, da sie emotional durch Schock oder Schmerz gebunden sind. Manche der Geister wissen noch nicht einmal, dass sie gestorben sind, weil sie sich zu sehr an die Materie gebunden haben und mit ihrem Körper identifizierten. Manche von ihnen können böse sein, manche sind einfach apathisch oder ohne Bewusstsein für ihre Situation und ohne jede Hoffnung. Auch diesen Wesen muss geholfen werden – und wenn wir es nicht tun, wer dann? Ob es sich hier um erdgebundene Wesen oder andere Phänomene handelt – die Technik des Reinigens solcher Plätze ist stets dieselbe:

- Lokalisiert die Stellen an Orten und in Gebäuden, an denen sich dramatische Dinge zugetragen haben, und führt erst einmal eine Räucherung durch.
- Wählt einen gebührenden Abstand, mit dem ihr euch wohl und sicher fühlt, zieht mit der Hand oder mit einem Stock auf dem Boden einen Kreis um euch. (Ein Kreis ist ein abgeschlossener Schwingungsraum.) Baut euer Kraftfeld auf.
- Verbindet euch mit dem Einheitsfeld über ein Gebet oder eine Meditation.

- Bittet Wesen höherer Ordnung (Engel, Meister, Lichtwesen) um Unterstützung. Wenn euer Feld aufgebaut ist, öffnet euch und erlaubt euch, die Energie zu fühlen, zu sehen, Bilder aufsteigen zu lassen, Gerüche wahrzunehmen und tiefer in die geistige Energie mit euren Spirits zu schauen.

- Errichtet einen Lichtkanal, indem ihr diesen visualisiert und beispielsweise die folgenden Worte sprecht: »An diesem Ort errichtet sich ein Lichtkanal. Wir bitten Engel Andon und die Engel der Heimkehr, diesen Lichtkanal um tausend Sonnen zu verstärken.« Wartet, bis ihr diesen Lichtkanal deutlich wahrnehmt.

- Nehmt geistig-telepathischen Kontakt mit dem erdgebundenen Wesen oder dem Phänomen (z. B. ein astrales Feld) auf, und sprecht über die innere Ebene mit dem Wesen. Es ist wichtig, eine Ebene der Liebe, Gnade und Vergebung zu erreichen, sodass die Seele gehen kann. Es ist wichtig, dass das Wesen realisiert, dass es gestorben ist. Fragt, was es braucht, um jetzt ganz ins Licht zu gehen. Hier kann auch ein Ho'oponopono (Vergebungsritual) hilfreich sein. Fühlt, wie die festsitzenden Emotionen – Schockzustände, Ängste etc. – sich lösen und transformiert werden.

- Die Lichtsäule verankert sich mit den Engeln über dem Wesen.

- Spürt, wie das Wesen in die Lichtsäule hineingleitet und sich das Energiefeld zu glätten beginnt. Ein Gefühl von Weite, Licht, Befreiung, Erlösung kann auf verschiedene Weise spürbar werden.
- Bedankt euch bei dem Wesen, und sprecht ein Schlussgebet.
- Ihr könnt die Stelle mit Lichtenergie auffüllen, indem ihr euch vorstellt, wie Licht hineinströmt oder indem ihr z. B. mit Weihrauch oder Copal räuchert. Die Platonischen Körper oder die Heilige Geometrie können an diesen Stellen auch sehr hilfreich sein, wenn man sich damit auskennt.
- Sollte es sich nicht um ein Wesen handeln, sondern um ein astrales Feld, schickt diese Energie in die Lichtsäule zur Transformation.
- Schaut auch, ob dem Platz ein Seelenanteil fehlt. Fragt die Engel und Himmlischen Begleiter. Oft bekommt man eine goldene Kugel aus Licht überreicht. Empfangt diese, und pustet sie sanft in das Energiefeld hinein.
- Ein deutliches Indiz dafür, dass nun alles an diesem Ort gut und geklärt ist, ist die Empfindung von Frieden, Liebe, Weite und Licht, begleitet von einem spürbaren Aufatmen.

ANHANG
TO-DO-LISTE

Todesfall

- Arzt benachrichtigen, dieser stellt den Totenschein aus
- sich eine Kopie oder einen Durchschlag geben lassen
- Bestattungsunternehmen auswählen, Überführung veranlassen (Adresse des Unternehmens, Ansprechpartner, Name, Telefonnummer, Datum und Uhrzeit schriftlich festhalten)
- Religionszugehörigkeit klären
- Verwandte, Arbeitgeber, Freunde etc. benachrichtigen
- Sterbeurkunde spätestens 1 Tag nach dem Todestag (Arbeitstag) beim zuständigen Standesamt beantragen. Dafür mitzunehmen sind:
  1. eigener Personalausweis
  2. Totenschein des Verstorbenen
  3. Personalausweis des Verstorbenen
  4. Geburtsurkunde – Familienstammbuch
  5. Heiratsurkunde – Scheidungsurkunde
  6. evtl. Sterbeurkunde des Ehepartners

- beim Standesamt Sterbeurkunde zur Vorlage in mehrfacher Ausfertigung ausstellen lassen (ca. 10 Stück)
- Versicherungen/Lebensversicherung benachrichtigen, oft haben diese sehr kurze Fristen – Kopie der Sterbeurkunde senden

- Verstorbenen bei der Meldestelle melden
- Finanzangelegenheiten bei der jeweiligen Bank regeln (mit Kopie der Sterbeurkunde)
- Vorschusszahlung aus laufender Rente beantragen (Witwe/Witwer)
- Sterbegelder und Beihilfen beantragen (Krankenkasse & Versicherung)
- Kontoauflösung beantragen
- Steuererklärung & Finanzamt beachten
- Notar oder Steuerberater einschalten
- wenn Testament vorhanden, Testamentseröffnung beim Amtsgericht, abgegeben nach beglaubigter Abschrift
- Erbschein beantragen
- Kündigung der Wohnung, Telefon abmelden, etwaige Vereinsmitgliedschaften, Abonnements u. Ä. kündigen

Beerdigung

- Bestattungsunternehmen beauftragen
- Abschied nehmen vom Leichnam
- Beerdigungstermin
- Rahmen der Trauerfeier festlegen
- Art der Bestattung nach Willen des Verstorbenen
- Grabstelle bestimmen
- Sarg/Urne
- Blumenschmuck
- Trauerkarte und Anzeige
- musikalische Untermalung

- Verlauf der Trauerfeier bestimmen und abstimmen: Was war dem Verstorbenen im Leben wichtig? Wie hätte er sich diesen Abschied gewünscht?
- Adressliste und Gästeliste durchgehen
- Reservierung im Restaurant
- Sonderurlaub beantragen
- Danksagung
- Rechnung des Bestattungsunternehmens auf erbrachte Leistungen prüfen
- eventuell Abschiedsritual im kleinen Kreis planen

NACHKLANG

Ich danke Sigrid Beyer und der Gemeinschaftspraxis Seelenklang (www.seelenklang.co.at) für ihre Impulse und hoffe, dass ich dich, liebe Leserin und lieber Leser, inspirieren konnte, neue Wege zu gehen und den Tod im Leben auf freundliche und liebevolle Weise zu integrieren. Wir sind in einer neuen Zeit angekommen. Das neue Bewusstsein entfaltet sich. Wir dürfen neue Wege gehen und die, die vor uns gegangen sind, in Würde, Licht und Erkenntnis begleiten.

Aloha nui loa – Viel Segen
Jeanne Ruland

ÜBER DIE AUTORIN

Jeanne Ruland ist Buchautorin mit langjähriger schamanischer und metaphysischer Ausbildung, Huna-Lehrerin und anerkannte Heilerin im Dachverband »Geistiges Heilen«. Mittlerweile kann sie auf einen reichen Erfahrungsschatz im Umgang mit den geistigen Kräften zurückgreifen, die im Kern alle zur Einheit, zu Gott, zur Quelle, zum Selbst führen. Durch ihre vielen Reisen ist sie mit vielen spirituellen Meistern und Kräften in Verbindung getreten und hat verschiedene Ausbildungen absolviert.

Als der Ruf sie erreichte, Bücher zu schreiben, war sie erfüllt mit praktisch erlebtem Wissen, in dem Himmel und Erde miteinander verbunden sind. Im Jahr 2000 begann sie mit ihrer Autoren- und Seminartätigkeit. In ihren Werken sowie in Vorträgen, Seminaren und Workshops teilt Jeanne Ruland ihr Wissen von Herzen gern mit anderen Menschen, um sie zu sich selbst, zu der Kraftquelle im Inneren, zu führen.

Weitere Informationen über die Autorin unter:
www.shantila.de

WEITERE SEGENSBÜCHLEIN VON
JEANNE RULAND IM

Jeanne Ruland
Willkommen auf der Erde
Segenszeremonien für Kinder
ISBN 978-3-8434-5039-3

Jeanne Ruland
Das »Ja« zueinander
Segenszeremonien für Paare
ISBN 978-3-8434-5046-1

Jeanne Ruland & Shantidevi
Aumakua
Segen und Potenzial unserer Wurzeln
ISBN 978-3-8434-5074-4

BILDNACHWEIS
Bilddatenbank www.shutterstock.com:
Bilder: S. 5 #167693018 (©iravgustin), S. 8 #208200994 (©Innakote), S. 12 #138463910 (©solarseven), S. 17 #203177821 (©babaroga), S. 19 #152924762 (©DarZel), S. 29 #144333130 (©danielo), S. 41 #142017058 (©Jenny Sturm), S. 51 #99910589 (©PanicAttack), S. 68 #81595774 (©Damiano Poli), S. 74 #228623878 (©fermate), S. 77 #154493960 (©Zaneta Baranowska), S. 85 #159803363 (©Leonid Ikan), **Schmuckbilder:** #91076255 (©Prezoom.nl), #109114955 (©Vadim Georgiev)